市バス 市中心部循環系統
市バス 均一系統
市バス 調整路線系統
京都バス
京阪バス

※矢印が附随する系統番号は、片側方向のみの運行
例）↑62　←(11・28・93)

JN068836

2024年4月26日現在判明分　制作・発行／（株）ユニプラン

※（　）内のバス停名は、同一停留所でバス会社により呼称の異なるものです。

※本路線図は、生活路線など一部系統を割愛しております。

周山以北は、京北ふるさとバスが運行しています。

京都バス62・72・77・92・94号系統は、嵯峨嵐山にて土休日に一部迂回運行（南行き）を行っております。
そのため、各バス系統ともに南行きの場合、野々宮・嵐電嵐山駅前各バス停を停車・通過いたしません。

※嵐電北野線「等持院」駅の正式名称は等持院・立命館大学衣笠キャンパス前駅

周山
◁京北合同庁舎前
◁周山下町
◁八千代橋
◁細野口
◁愛宕道
◁滝ノ町
小野上ノ町
小野郷
小野下ノ町
小野郷口
北山グリーンガーデン前
北山生協前
川登橋
杉阪口
上ノ畑橋
中川学校前
北山中川
山城中川
菩提道
亀石町
毘沙門橋
夫婦橋
JRバス
梅ノ尾
槇ノ尾
高雄
御所ノ口
御経坂
高雄小学校前
広芝町
8
梅ヶ畑清水町
平岡八幡前
高雄病院前
高雄
高山寺
西明寺
神護寺
西山高雄
90（紅葉期のみ）
菖蒲谷池
◁清滝道
清滝
愛宕寺前
62・72↓・92・94
90
嵯峨野
直指庵
大覚寺
大沢池
広沢池
化野念仏寺
鳥居本
護法堂弁天前
大覚寺道
祇王寺
清凉寺
二尊院
嵯峨釈迦堂前
落柿舎
常寂光寺
嵐山
嵯峨小学校前
62・72↓・90・92・94
28・91・109
広沢池・佛大広沢校前
109　59
山越
特8・10・26・59
山越中町
小渕町
94
28・91・109
瀬戸川町
嵯峨
嵯峨嵐山駅前
嵯峨中学前
御所ノ内町
広沢
太秦開日町
75・11
山越東町
太秦北路町
常磐野小学校前
高校前
常盤・嵯峨野
ユースホステル前
病院前
宇多野
鳴滝本町
高鼻町
鳴滝松本町
三宝寺
やまごえ温水プール前
特8
8・特8
福王子
仁和寺
御室仁和寺
10・26・59・109
JRバス
駅前
嵐電宇多野
宇多野
御室仁和寺
鳴滝
宇多野御屋敷町
常盤御池町
双ヶ丘
75・85
御室
龍安寺前
塔ノ下町
龍安寺
JRバス
59・109
12・15・50・51・52・53
55・59・M1・109・特205
立命館大学前
快202・快205
51・53・特205・↑102
御室
嵐電妙心寺駅前
嵐電北野線
妙心寺
龍安寺
等持院※
北門前
妙心寺
等持院南町
53・特205
等持院東道
北野白梅町
白梅町
10・26
等持院道
JRバス
←(10・26)
(10・26)→・53・特205
府立体育館前（島津アリーナ京都前）
西ノ京馬代町
木辻南町
妙心寺前
花園扇野町
原谷
原谷農協前
原谷口
衣笠氷室町
M1
立命館西園寺記念館前
金閣寺
12・59・M1・102・109
15・50・52・55・M1・109・102→
M1 桜木町
小松原児童公園前
快202・快205
51・←102
金閣寺道
光悦寺
土天井町
鷹峯源光庵前
鷹峯上ノ
土休は経路変更(85・93)→
臨丸太町・81→
11・85・91・93
75・85・91・93
臨丸太町・81→
62・63・65・66・臨丸太町
91・93
土休は経路変更↓(11・28・85・93)
▲太秦映画村道（常盤仲之町）
花園
花園駅前
▲伯楽町
円町
西ノ京円町（JR円町駅）
至園部
至トロッコ亀岡
トロッコ嵐山
野々宮
天龍寺
嵐山天龍寺前
嵐山
嵯峨嵐山
トロッコ嵯峨
車折神社
有栖川
帷子ノ辻
太秦
常盤
太秦映画村前
62・63・65・66
73・76・81・←(83・86)
黒橋
8・特8
安井西口
(27・特27・75・85)
右京ふれあい文化会館前
馬塚町
27・特27
西ノ京藤ノ木町
西ノ京
(26・27・特27・53・91・特205)

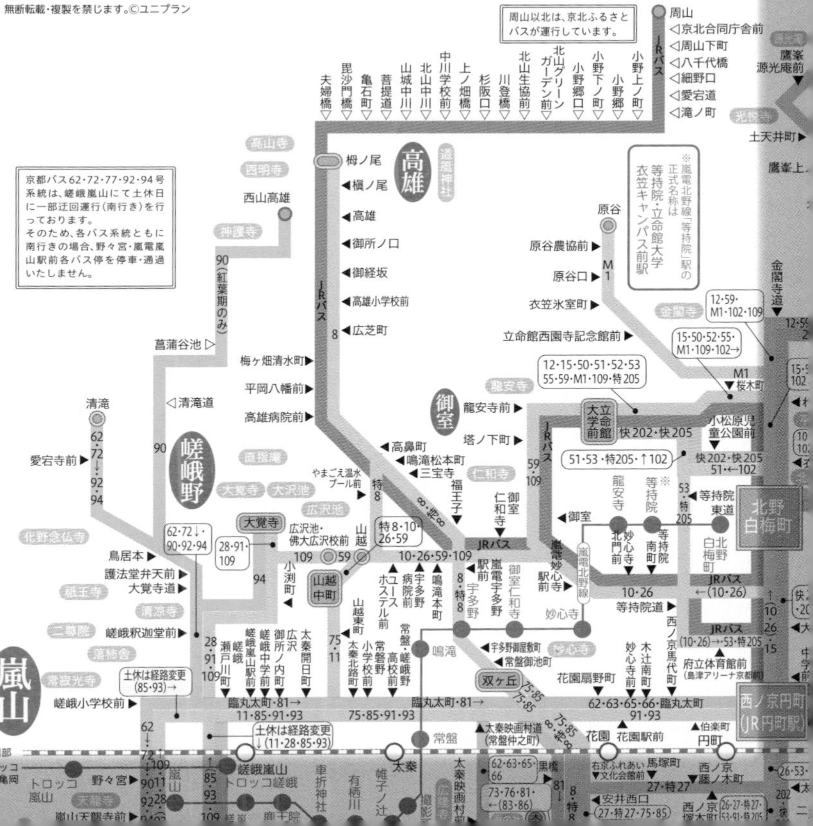

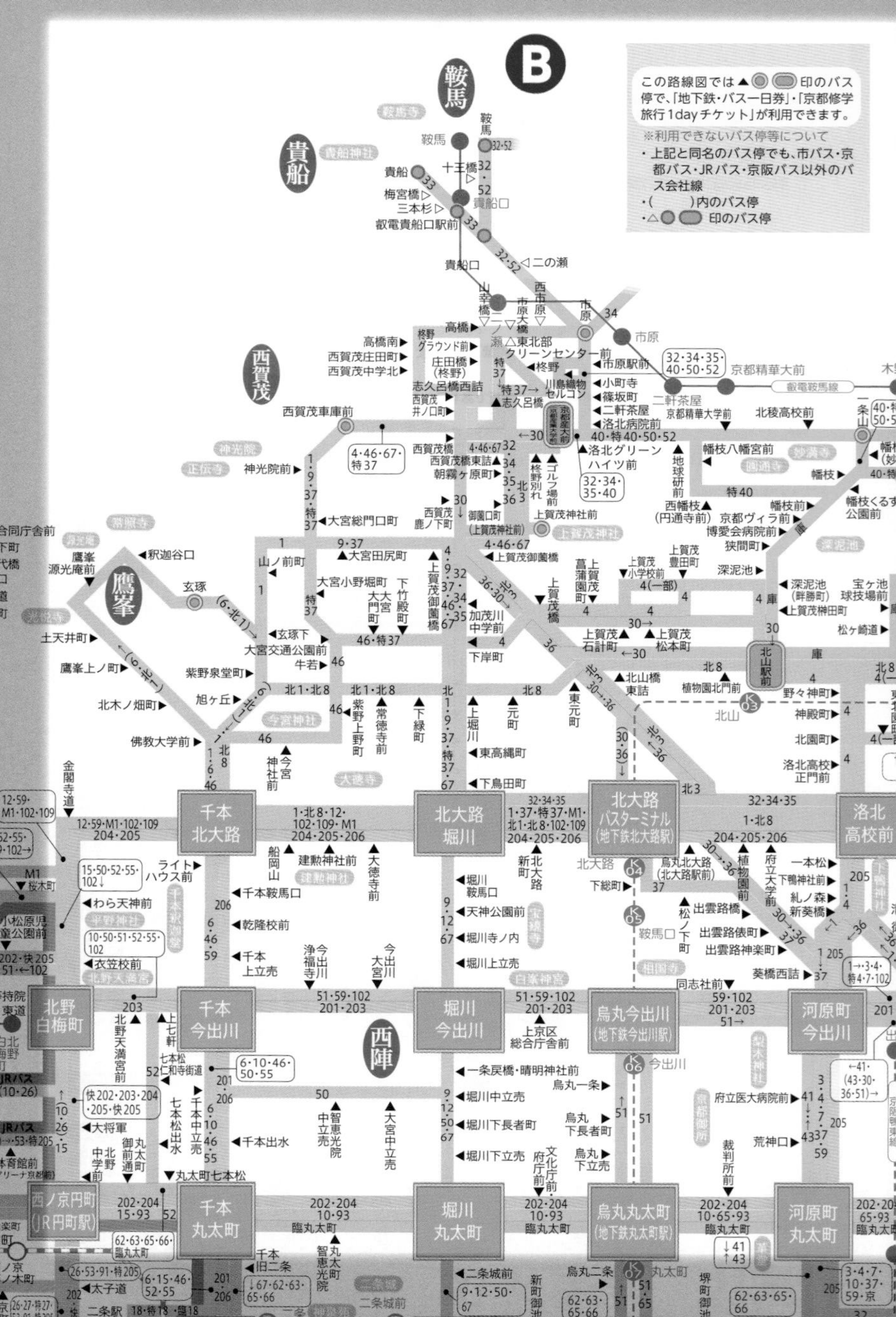

B
この路線図では▲◎◯印のバス停で、「地下鉄・バス一日券」・「京都修学旅行1dayチケット」が利用できます。
※利用できないバス停等について
・上記と同名のバス停でも、市バス・京都バス・JRバス・京阪バス以外のバス会社線
・(　　)内のバス停
・△◎◯印のバス停
鞍馬
貴船
鞍馬寺
貴船神社
十三橋
梅宮橋
三本杉
叡電貴船口駅前
貴船口
二ノ瀬
山幸橋
市原
西賀茂
京都精華大前
二軒茶屋
叡電鞍馬線
鷹峯
玄琢
北山駅前
千本北大路
北大路堀川
北大路バスターミナル(地下鉄北大路駅)
洛北高校前
北野白梅町
千本今出川
堀川今出川
烏丸今出川(地下鉄今出川駅)
河原町今出川
西陣
西ノ京円町(JR円町駅)
千本丸太町
堀川丸太町
烏丸丸太町(地下鉄丸太町駅)
河原町丸太町
上賀茂神社
大徳寺
今宮神社
建勲神社
北野天満宮
相国寺
京都御所
二条城

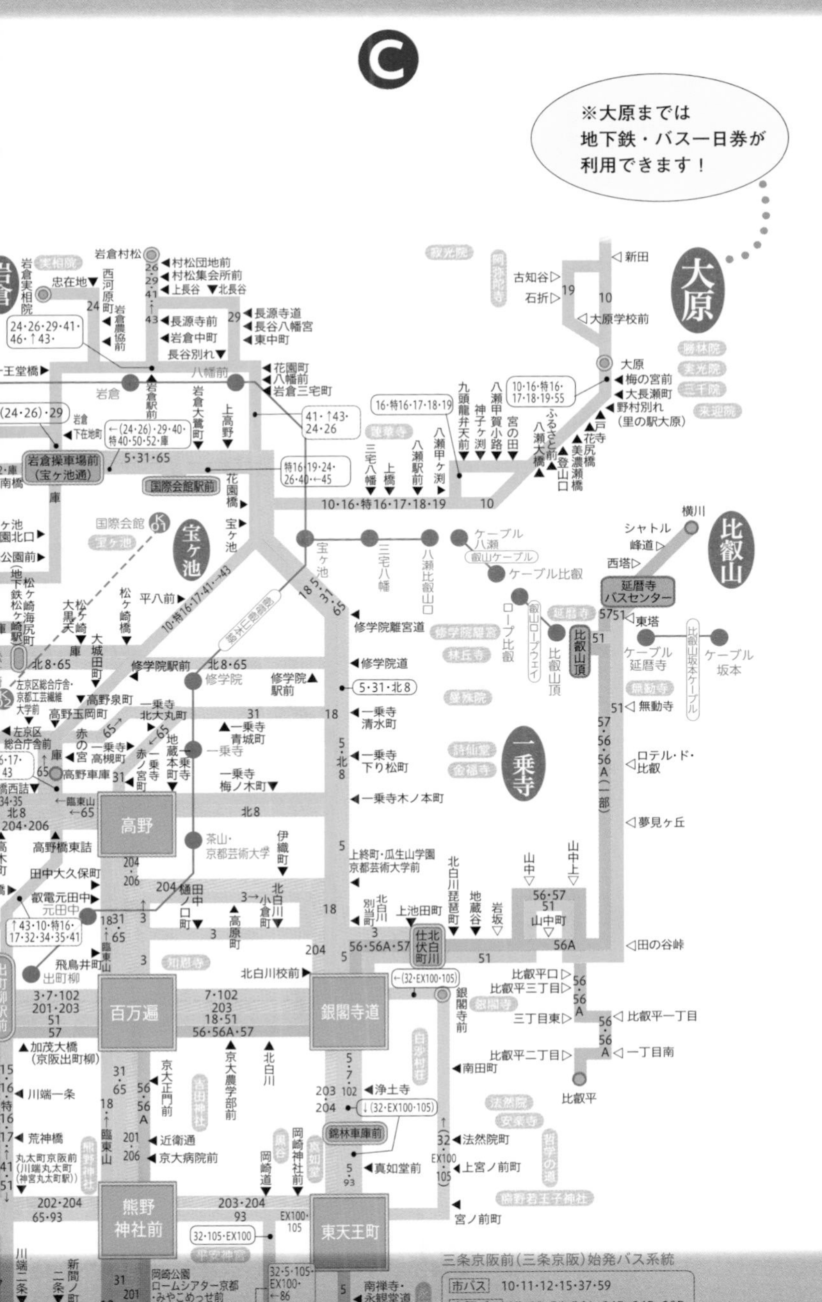

C
※大原までは
地下鉄・バス一日券が
利用できます！
大原
比叡山
宝ヶ池
一乗寺
岩倉
高野
百万遍
銀閣寺道
熊野神社前
東天王町
北白川仕伏町
岩倉操車場前（宝ヶ池通）
国際会館駅前
延暦寺バスセンター
比叡山頂
錦林車庫前
三条京阪前（三条京阪）始発バス系統
市バス 10・11・12・15・37・59
京阪バス 17・19・56・56A・84B・86B・88B

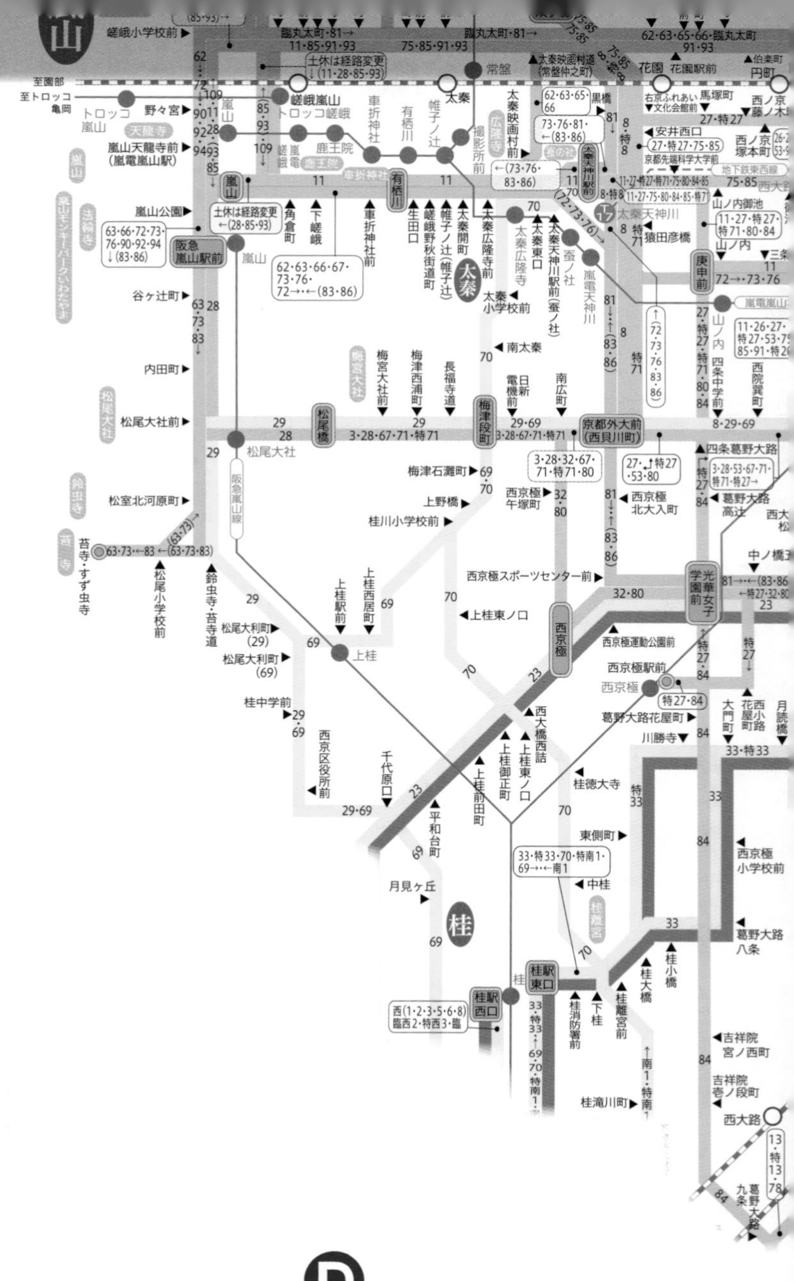

嵯峨小学校前
臨丸太町・81→
11・85・91・93
75・85・91・93
臨丸太町・81→
62・63・65・66・臨丸太町
91・93
土休は経路変更
↓(11・28・85・93)
常盤
▲太秦映画村道
(常盤仲之町)
花園
花園駅前
▲伯楽町
円町
至園部
至トロッコ亀岡
野々宮
トロッコ嵐山
天龍寺
嵯峨嵐山
トロッコ嵯峨
太秦
嵐山天龍寺前
(嵐電嵐山駅)
嵐山
嵐電嵯峨
鹿王院
車折神社
有栖川
帷子ノ辻
撮影所前
広隆寺
太秦映画村前
黒橋
62・63・65・66
73・76・81・
←(83・86)
右京ふれあい文化会館前
馬塚町
西ノ京藤ノ木町
27・特27
安井西口
27・特27・75・85
京都先端科学大学前
西ノ京塚本町
地下鉄東西線
75・85
←(73・76・
83・86)
太秦天神川駅前
11・27・特27・特71・75・80・84・85
11・27・75・80・84・85・特71
山ノ内御池
11・27・特27・
特71・80・84
山ノ内
太秦天神川
猿田彦橋
嵐山公園
土休は経路変更
←(28・85・93)
63・66・72・73・
76・90・92・94
↓(83・86)
阪急嵐山駅前
角倉町
下嵯峨
車折神社前
生田口
嵯峨野秋街道町
帷子ノ辻(帷子辻)
太秦開町
太秦広隆寺前
太秦東口
太秦天神川駅前(蚕ノ社)
蚕ノ社
嵐電天神川
62・63・66・67・
73・76・
72→・←(83・86)
太秦
太秦小学校前
太秦広隆寺
庚申前
72→・73・76
三条
嵐電嵐山
山ノ内
谷ヶ辻町
南太秦
内田町
梅宮大社
梅宮大社前
梅津西浦町
長福寺道
日新電機前
南広町
西院巽町
四条中学前
松尾大社
松尾大社前
松尾橋
3・28・67・71・特71
梅津段町
京都外大前
(西貝川町)
8・29・69
四条葛野大路
3・28・32・67・
71・特71・80
27・特27
・53・80
3・28・53・67・71・
特71・特27→
葛野大路高辻
梅津石灘町
上野橋
西京極午塚町
西京極北大入町
松室北河原町
桂川小学校前
苔寺・すず虫寺
鈴虫寺
苔寺
阪急嵐山線
松尾小学校前
鈴虫寺・苔寺道
上桂駅前
上桂西居町
西京極スポーツセンター前
光華女子学園前
中ノ橋
上桂東ノ口
西京極
松尾大利町
(29)
松尾大利町
(69)
上桂
西京極運動公園前
西京極駅前
西京極
特27・84
桂中学前
葛野大路花屋町
大門町
花屋町西小路
月読橋
川勝寺
西大橋西詰
上桂東ノ口
上桂御正町
上桂前田町
桂徳大寺
西京区役所前
千代原口
平和台町
33・特33
東側町
33・特33・70・特南1・
69→・←南1
西京極小学校前
中桂
月見ヶ丘
桂
桂離宮
葛野大路八条
桂小橋
桂大橋
桂駅東口
桂駅西口
西(1・2・3・5・6・8)
臨西2・特西3・臨
桂消防署前
下桂
桂離宮前
吉祥院宮ノ西町
吉祥院壱ノ段町
桂滝川町
西大路
九条葛野大路
D

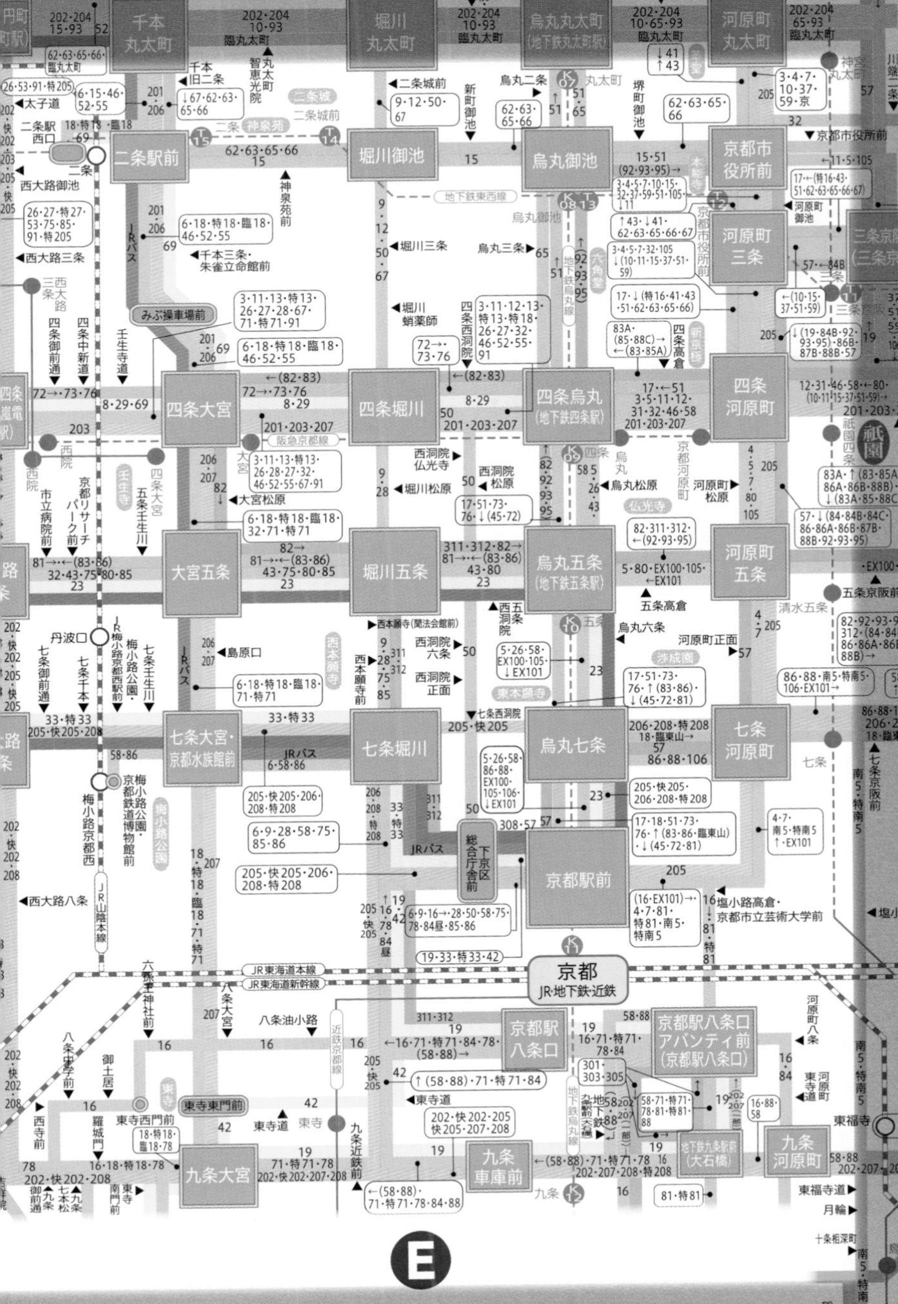

千本丸太町
堀川丸太町
烏丸丸太町
(地下鉄丸太町駅)
河原町丸太町
二条駅前
堀川御池
烏丸御池
京都市役所前
河原町三条
三条京阪
(三条京阪)
みぶ操車場前
四条大宮
四条堀川
四条烏丸
(地下鉄四条駅)
四条河原町
祇園
大宮五条
堀川五条
烏丸五条
(地下鉄五条駅)
河原町五条
七条大宮・
京都水族館前
七条堀川
烏丸七条
七条河原町
京都駅前
総合庁舎前
下京区
京都
JR・地下鉄・近鉄
京都駅八条口
京都駅八条口
アバンティ前
(京都駅八条口)
九条大宮
九条車庫前
九条河原町
地下鉄九条駅前
(大石橋)
東寺東門前
二条駅西口
二条
丹波口
梅小路京都西
東福寺
東寺
太子道
西大路御池
西大路三条
千本旧二条
千本三条・
朱雀立命館前
二条城前
新町御池
神泉苑前
堀川三条
堀川蛸薬師
烏丸二条
烏丸三条
堺町御池
京都市役所前
河原町御池
四条御前通
四条中新通
壬生寺道
西院
四条西洞院
四条高倉
大宮松原
堀川松原
西洞院仏光寺
西洞院松原
烏丸松原
河原町松原
京都リサーチパーク前
市立病院前
五条壬生川
四条大宮
五条高倉
西五条洞院
烏丸六条
河原町正面
五条京阪前
清水五条
七条御前通
七条千本
梅小路京都西駅前
梅小路公園・
七条壬生川
島原口
西本願寺前
西洞院六条
西洞院正面
七条西洞院
西本願寺(聞法会館前)
七条京阪前
七条
梅小路公園・
京都鉄道博物館前
西大路八条
塩小路高倉・
京都市立芸術大学前
塩小路
六孫王神社前
八条大宮
八条油小路
八条中学前
御土居
西寺前
東寺西門前
羅城門
東寺道
九条近鉄前
東寺道
河原町八条
東河原町道
東福寺道
月輪
十条相深町
九条
南門前
東寺
七本松
九条
御前通
九条
JR東海道本線
JR東海道新幹線
JR山陰本線
近鉄京都線
地下鉄東西線
地下鉄烏丸線
阪急京都線
JRバス
二条城
神泉苑
六角堂
新京極
仏光寺
壬生寺
西本願寺
東本願寺
渉成園
梅小路公園
本能寺
京都河原町
烏丸
大宮
四条
五条
丸太町
烏丸御池
三条
神宮丸太町
E

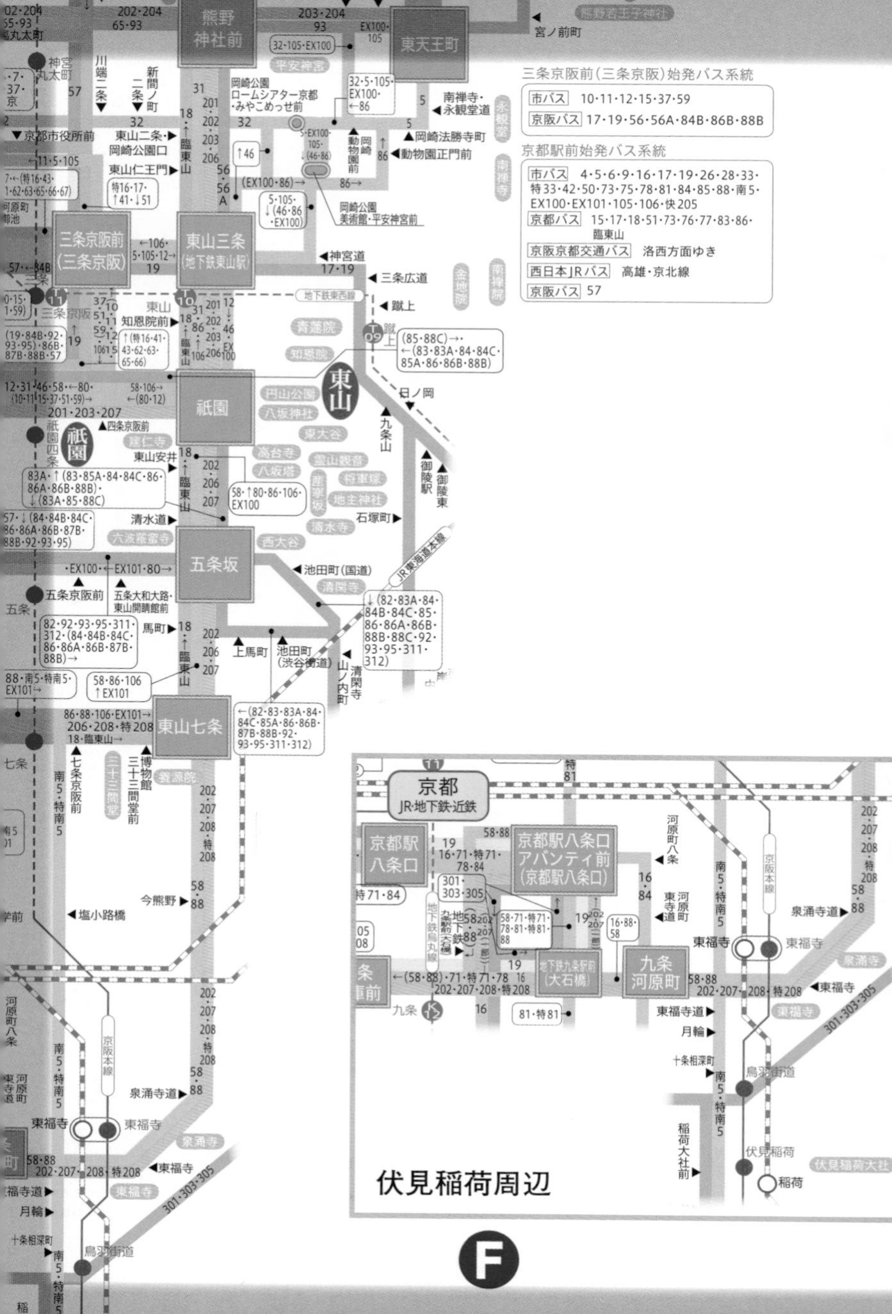

熊野神社前
東天王町
熊野若王子神社
宮ノ前町
平安神宮
岡崎公園 ロームシアター京都・みやこめっせ前
南禅寺・永観堂道
岡崎法勝寺町
動物園正門前
岡崎公園 美術館・平安神宮前
東山二条・岡崎公園口
東山仁王門
京都市役所前
神宮丸太町
三条京阪前(三条京阪)
東山三条(地下鉄東山駅)
神宮道
三条広道
蹴上
地下鉄東西線
青蓮院
知恩院
東山
日ノ岡
九条山
祇園
円山公園
八坂神社
四条京阪前
祇園四条
東山安井
建仁寺
高台寺
八坂塔
清水道
六波羅蜜寺
石塚町
清水寺
西大谷
五条坂
池田町(国道)
清閑寺
JR東海道本線
五条京阪前
五条大和大路・東山開睛館前
馬町
上馬町
池田町(渋谷街道)
山ノ内町
清閑寺
御陵駅
御陵東
東山七条
七条京阪前
博物館三十三間堂前
三十三間堂
養源院
今熊野
塩小路橋
泉涌寺道
東福寺
月輪
十条相深町
鳥羽街道
京阪本線
三条京阪前(三条京阪)始発バス系統
市バス 10・11・12・15・37・59
京阪バス 17・19・56・56A・84B・86B・88B
京都駅前始発バス系統
市バス 4・5・6・9・16・17・19・26・28・33・特33・42・50・73・75・78・81・84・85・88・南5・EX100・EX101・105・106・快205
京都バス 15・17・18・51・73・76・77・83・86・臨東山
京阪京都交通バス 洛西方面ゆき
西日本JRバス 高雄・京北線
京阪バス 57
京都 JR・地下鉄・近鉄
京都駅八条口
京都駅八条口アバンティ前(京都駅八条口)
地下鉄九条駅前(大石橋)
九条河原町
河原町八条
東寺道
九条
地下鉄烏丸線
東福寺
泉涌寺
鳥羽街道
伏見稲荷
稲荷
稲荷大社前
伏見稲荷大社
伏見稲荷周辺
F

この本の使い方

この本は、**『地下鉄・バス一日券』**利用する貴方が、現在いる場所から、次の目的地へいくための市バス・地下鉄アクセスガイドです。弊社選択の各エリアは見開きで構成されており、左側が現在地周辺MAP、右側がこれから行きたい目的地への行き方になっています。
本書籍は、『地下鉄・バス一日券』1100円（市営地下鉄及び市バス全域、京都バス・京阪バス・西日本JRバス一部）の利用に便利な対応版となります。

※のりもの案内サンプル

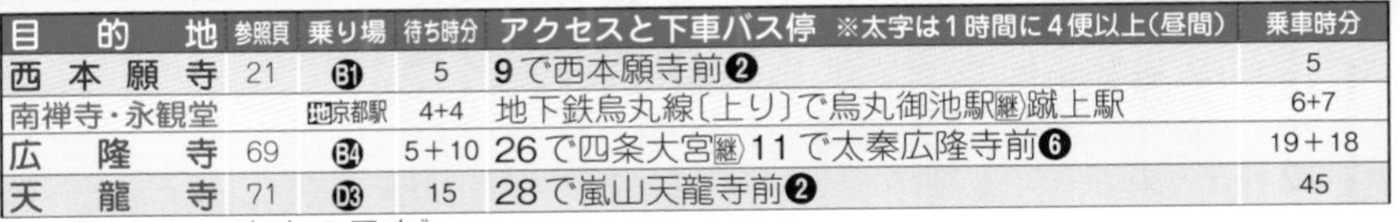

目的地	参照頁	乗り場	待ち時分	アクセスと下車バス停 ※太字は1時間に4便以上（昼間）	乗車時分
西本願寺	21	B1	5	9で西本願寺前❷	5
南禅寺・永観堂		地京都駅	4+4	地下鉄烏丸線〔上り〕で烏丸御池駅継蹴上駅	6+7
広隆寺	69	B4	5＋10	26で四条大宮継11で太秦広隆寺前❻	19＋18
天龍寺	71	D3	15	28で嵐山天龍寺前❷	45

《のりもの案内の見方》

目的地〔これから行きたい所〕
ここで見つからなければ、物件索引（P105）でも。

参照頁〔目的地の地図ページ及び巻頭路線図ページ〕

乗り場
市バス乗り場は、地図中に番号等で記載（不使用番号等もあり）。

待ち時分〔市バス停・地下鉄の駅等での平均待ち時間〕
当日の交通事情等によって、記載より長く待機する場合があります。

アクセスと下車バス停
乗車市バス系統等を記載、下車バス停の降り場位置は目的地先の地図を参照してください。『地下鉄・バス一日券』で行く、主な観光地範囲を掲載しています。なお、**太字のバス系統**は13時頃に1時間4本以上のバスであることを示しています。
継…乗換です。P81からの『乗換に便利な交差点』も参照ください。

※一部系統名を略しています
例：西日本ジェイアールバス 高雄・京北線→ JRバス

乗車時分〔乗車所要分、平日の13時頃の所要分〕
乗換えの時間や、のりものを待つ時間は含みません。

あんじょうお行きやす

京都の各エリアは、その土地柄や道行き、行・催・祭事などに由来した独特の呼称で親しまれています。ここではさらに足を伸ばして低予算で観賞できる、おすすめのスポットを掲載いたしました。「地下鉄・バス一日券」で効率よく京都を巡り、ゆとり分の予算で記念の品を購入するなどして、ご利益をもゲットできれば旅の成果はさらに増すことでしょう。京都は至る所に歴史の遺構が散りばめられています。地方の方をはじめ、京都ファンや歴史ファンの方々が予備知識としてその理解を深め、有意義な旅の手助けとなるよう配慮致しました。お役に立てれば幸いです。

CONTENTS

のりもの案内

市バス系統図索引

ご使用の際の注意

バス停名が２つ？

本書では、主力である市バスの名称を最初に、次に民間バス停名を（　　）で記しています。市バス停名称は、接続駅の名称を付記することとなりました。
例：四条烏丸→四条烏丸（地下鉄四条駅）

本書、路線図でも採用させていただきましたが、「地図中」及び「のりもの案内」では、スペース等で見づらくなり、多くは割愛させていただきました。

複数のバス乗り場（下車バス停）

繁華街の大きな交差点のバス停では、10ヶ所以上の乗り場が設置されているところもあります。乗車時にはもちろん、下車の際にも、あらかじめバス停の位置を確認しておけば、より目的地にスムーズに行くことができます。

市バス系統図とQRコード

P84からの主な市バス系統図は、どちら方向の乗り場から乗ればよいのか、あといくつで目的バス停に着くのか、本文に無い目的地への行程等、安心して乗降していただく一助となります。QRコード読み取り機能付きの携帯電話をお持ちなら、市交通局携帯サイトの系統別停留所一覧まで、すぐアクセス、お近くのバス停と、行先方面を選べば全ての市バス時刻表をその場で見ることができます。
（QRコードが年度中変更された場合はご容赦ください）

京都のりもの路線図（分割版）

巻頭の路線図は、市内観光系統の多くのバス路線とその経由停留所（及び鉄道路線・駅）を収録しています。本文の「のりもの案内」に紹介されていない物件に行きたい場合も、路線図と地図中の目的とする物件最寄のバス停留所を照らし合わせれば、そこまでの交通手段を探すことができます。 また、P6の京都全体図（索引図）で、本文エリアの位置関係の把握などにご利用ください。

※『京都のりもの路線図』収録の一部系統では、路線上に示された一部のバス停に停車せずに通過するものもあります（例：市バスの快速系統など）。

京都観光 Navi

＊QR コードのご利用にあたっては、各携帯サイトの「ご利用上の注意」を必ずご確認ください。

＊通信料
情報を閲覧する上で利用料は必要ありませんが，通信料が必要となりますので，あらかじめご了承ください。

＊QR コードの読取りは携帯電話各社で完全に保証されてはおりません。読取り環境やその時の条件によって読取りが難しくなることがありますので、ご注意ください。

＊QR コードは (株) デンソーウェーブの登録商標です

本書 P84 ～の「市バス系統図と時刻表 QR コード」を参照される場合も、上記についてご注意ください。

ご注意！

※バス停の乗り場（標柱）の位置は、周辺の行事や道路工事等の事情により、臨時で移動されることがあります。

※行・催・祭事等により、本書記載以外の位置にバスが停車したり、運行経路の一部が変わることがあります。

※本書で記されているバス停番号は、説明のために本書用に付けているものであり、実際のバス停には表記されておりません。また原則として、現地バス停に番号（英記号）（市交通局で一部がHPで公開）がある場合でも本書とは関係ありません。

地図記号一覧

- ❶ / ♀ バス停
- 継 のりかえ
- 近 近鉄電車
- 嵐 嵐電（京福電車）
- JR ＪＲ線
- 地 地下鉄
- 叡 叡山電車
- 京 京阪電車
- 阪 阪急電車
- 1 地下駅出口番号
- ○ ランドマーク
- ❶ 国道
- 72 府道
- WC トイレ・身障者用トイレ
- ホテル・旅館
- ⊗ 交番
- 〒 郵便局
- 病院
- 銀行
- Ⓟ 駐車場
- 文 学校
- 博物館・美術館
- 図書館
- 御陵
- 墓
- 石碑・史跡
- ⛩ 神社
- 卍 仏閣
- ∴ 名勝
- IN 入口
- 門
- 建物
- 地下駅
- 世界文化遺産 世界文化遺産
- 広域避難場所
- ＪＲ線路
- 私鉄線路
- 地下路線
- バス運行道路
- 散策道
- 一般道
- 山地　境内　公園　河川
- 30 隣接地図ページ

2024年6月1日から市バス運行改定・「新ダイヤ」を実施

○「観光特急バス」・100番台系統（楽洛ライン）の新設等

EX１００号系統（京都駅前～五条坂（清水寺）～祇園～平安神宮～銀閣寺前）
EX１０１号系統（京都駅前～五条坂（清水寺）～京都駅前）
１０２号系統（北大路バスターミナル～金閣寺道～北野天満宮～烏丸今出川～銀閣寺道）
１０５号系統（京都駅前～四条河原町～東山三条～平安神宮～銀閣寺道）
＊上記は土休日運行、下記の106号は通年運行、109はGW・秋の繁忙期運行です。
１０６号系統（京都駅前→清水道～祇園→東山三条→三条京阪～祇園～京都駅前）
１０９号系統（北大路バスターミナル～金閣寺道～龍安寺→大覚寺→嵐山）

○市バス17は7に、市バス73は23に変更されました。

EX１００・EX１０１は一般系統と異なる運賃（大人500円・小児250円）となりますが、「地下鉄・バス一日券」が利用できるため、本書ではこの系統も、「のりもの案内」で記載しております。

○停留所名称の変更（2024年6月1日より）

大石橋（地下鉄九条駅）と九条駅前→地下鉄九条駅前（大石橋）　など

本書では、この主な改定にあわせて、のりもの案内（乗り場、アクセス、下車バス停など）を編集しています。

京都バス・市バス「嵐山」付近の土休日経路変更図　参照地図P70

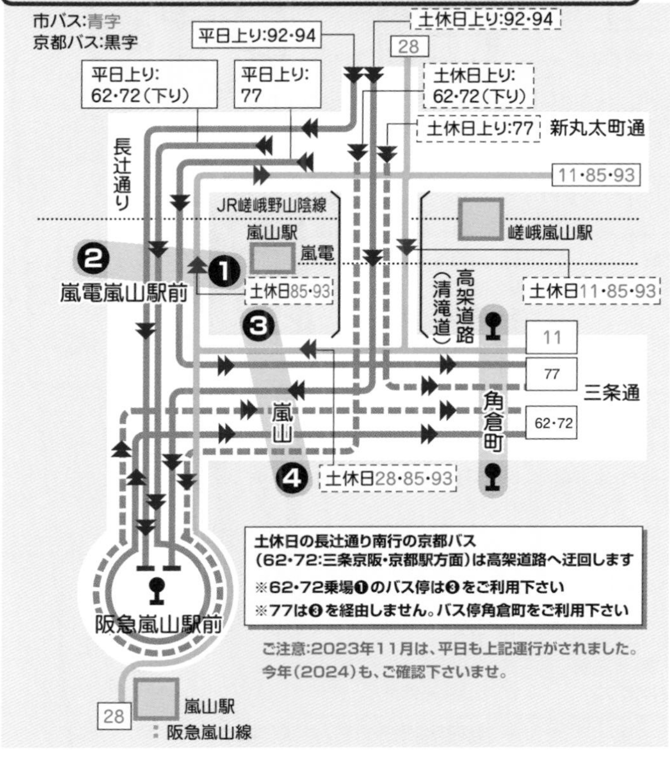

市バス:青字
京都バス:黒字
平日上り:92・94
土休日上り:92・94
28
平日上り:62・72（下り）
平日上り:77
土休日上り:62・72（下り）
土休日上り:77
新丸太町通
長辻通り
11・85・93
JR嵯峨野山陰線
嵐山駅
嵐電
嵯峨嵐山駅
❷
❶
嵐電嵐山駅前
土休日85・93
土休日11・85・93
高架道路（清滝道）
❸
11
77
三条通
62・72
角倉町
嵐山
❹
土休日28・85・93

土休日の長辻通り南行の京都バス（62・72:三条京阪・京都駅方面）は高架道路へ迂回します
※62・72乗場❶のバス停は❸をご利用下さい
※77は❸を経由しません。バス停角倉町をご利用下さい

阪急嵐山駅前
ご注意:2023年11月は、平日も上記運行がされました。
今年（2024）も、ご確認下さいませ。
28
嵐山駅
阪急嵐山線

京都全体図（索引図）

0m
4,000m
金閣寺
百万遍
銀閣寺
二条城
西ノ京円町
西大路三条
西大路四条
天龍寺
清水寺
京都駅
大石橋・九条駅前
A
B
C
1
2
3
4
18 京都駅
20 東本願寺・西本願寺
22 東寺
24 四条河原町
26 四条高倉・四条烏丸
28 四条大宮・壬生寺
30 河原町三条
32 京都御所
34 下鴨神社・出町柳
36 西陣
38 二条城
40 東福寺・泉涌寺
42 三十三間堂
44 清水寺
46 祇園・八坂神社
48 知恩院・青蓮院
50 平安神宮
52 南禅寺・永観堂
54 銀閣寺
56 詩仙堂・曼殊院
58 上賀茂神社
60 大徳寺
62 北野天満宮
64 金閣寺
66 龍安寺・仁和寺・妙心寺
68 広隆寺・東映太秦映画村
70 嵐山
72 嵯峨野・大覚寺
74 松尾大社
76 伏見稲荷
77 伏見桃山
78 岩倉
79 高雄
80 大原（範囲外）

※休みは年末年始を除く　受付は閉館･閉門の 30 分前までに
※記載内容は 2024 年 4 月 1 日時点の情報です。時間は季節･天候によって若干変わる場合があります。
　訪問の際には、年末年始を含め各施設へお確かめください。

京都駅　地図P18　斬新なデザインで、駅ビルそのものが観光名所として人気が高い。専門店街、デパート、ホテル、シアターなどを内包し、休日には各種イベントも盛んに開催される。

西本願寺　地図P20　下京区堀川通花屋町下ル
☎075･371･5181　時間5:30～17:30（季節により異なる）　所要40分

東本願寺　地図P20　下京区烏丸七条上ル
☎075･371･9181　時間5:50～17:30　（季節により異なる）　境内自由　所要30分

東寺　地図P22　南区九条町
☎075･691･3325　時間8:00～17:00（季節により異なる）　料金金堂･講堂は一般500･高400･中小300円（春季･秋季公開の宝物館は別料金）　所要60分

京都水族館　地図P22 下京区観喜寺町（梅小路公園内）　☎075･354･3130　時間季節により異なる
無休（臨時休業あり）
料金大人2400･高1800･中小1200･幼児（3歳以上）800円　所要120分

京都鉄道博物館
地図P22　下京区歓喜寺町（梅小路公園内）
☎0570･080･462　時間10:00～17:00　水曜休
料金一般1500･大高1300･中小学生500･幼児（3歳以上）200円　所要120分

錦市場　地図P26　錦小路はまさに「京都の台所」。鮮魚、青果、乾物などの店々がぎっしりと並び、料理人から家庭の「おばんざい」まで様々な食材が備えられている。

壬生寺　地図P28　中京区坊城通仏光寺上ル
☎075・841・3381　時間9:00～17:00
境内自由（壬生塚と歴史資料室は9:00～16:00、一般300・高中小100円）　所要30分

萩：9月中旬

下鴨神社　地図P34　左京区下鴨泉川町
☎075・781・0010　時間大炊殿は10:00～16:00
境内自由（大炊殿は高校生以上500円・中小以下無料）
所要30分

相国寺　地図P34　上京区今出川通烏丸東入ル相国寺門前町　☎075・231・0301　時間10:00～16:30（春期・秋期に公開、拝観除外日あり）　料金一般800・高中、65歳以上700・小400円（方丈・法堂・他）　所要25分

晴明神社　地図P36　上京区堀川通一条上ル
☎075・441・6460　時間9:00～16:30　境内自由
所要15分

梅：2月中旬　桜：4月上旬

二条城　地図P38　中京区二条通堀川西入二条城町
☎075・841・0096　時間8:45～17:00（二の丸御殿は～16:10、7・8・12・1月の火曜休（休日の場合は翌日））、季節により異なる　料金（二の丸御殿含む）一般1300・高中400・小300円、収蔵館別途100円　所要60分　※本丸御殿は9月より公開予定

紅葉:11～12月

東福寺　地図P40　東山区本町
☎075･561･0087　時間9:00～16:30（11～12月第一日曜は8:30～、12月第一日曜～3月は～16:00）
料金高校生以上600･中小300円(通天橋･開山堂(秋季は異なる))、本坊庭園は高校生以上500･中小300円
所要40分

三十三間堂　地図P42　東山区七条通東大路西入ル
☎075・525・0033　時間8：30～17：00（11/16～3/31は9：00～16：00）料金一般600・高中400・小300円　所要30分

つつじ・さつき：5月中旬

智積院　地図P42　東山区東大路通七条下ル東瓦町
☎075･541･5361　時間9:00～16:00
料金一般500･高中300･小200円(名勝庭園など)
一般500･高中300･小200円(宝物館)　所要30分

泉涌寺　地図P40　東山区泉涌寺山内町
☎075･561･1551　時間9:00～17:00　(12～2月は～16:30)（伽藍)料金高校生以上500･中学生以下300円　所要30分

京都国立博物館　地図P42　東山区茶屋町
☎075･525･2473　時間9:30～17:00（夜間開館は要問合せ）料金　特別展(年2～4回)により異なる。

桜:4月上旬　紅葉:11～12月

清水寺　地図P44　東山区清水一丁目
☎075･551･1234　時間6:00～18:00（季節により異なる）料金高校生以上400･中小200円
所要40分

桜:4月上旬　紅葉:11〜12月

高台寺　地図P44　東山区下河原町通八坂鳥居前下ル下河原町　☎075･561･9966　時間9:00〜17:30　料金一般600・高中250円・小無料(大人同伴要)　所要30分

六波羅蜜寺　地図P44　東山区松原通大和大路東入ル　☎075･561･6980　時間8:00〜17:00(宝物館は8:30〜16:45)　料金一般600・大高中500・小400円(宝物館)　所要30分

八坂神社　地図P48　東山区祇園町北側　☎075･561･6155　境内自由　所要30分

桜:4月上旬

円山公園　地図P48　明治19年に開設された市内で最も古い公園。桜の季節(付近に約1000本)には花見客で賑わい、特に「祇園枝垂桜」は有名。園内には坂本龍馬・中岡慎太郎の像が立つ。　所要30分

知恩院　地図P48　東山区新橋通大和大路東入ル　☎075･531･2111　時間友禅苑9:00〜16:00(方丈庭園は〜15:50)　料金(友禅苑・方丈庭園共通券)高校生以上500・中小250円　所要30分

青蓮院　地図P48　東山区粟田口三条坊町　☎075･561･2345　時間9:00〜17:00　拝観一般600・高中400・小200円　所要30分

桜:4月上旬　杜若:5月上旬　睡蓮:5~9月
花菖蒲:6月上旬　萩:9月中旬

平安神宮　地図P50　左京区岡崎西天王町
☎075・761・0221　時間8:30~17:30（春秋は~17:00、冬は~16:30）料金高校生以上600・中小300円（神苑）所要30分

みやこめっせ（京都市勧業館）
地図P50　左京区岡崎成勝寺町
☎075・762・2630　時間9:00~17:00（催し物により異なる）入館自由　地下の京都伝統産業ミュージアムでは、京の歴史と技を伝える伝統的工業品74品目を展示

桜:4月上旬　萩:9月中旬　紅葉:11~12月

南禅寺　地図P52　左京区南禅寺福地町
☎075・771・0365　時間8:40~17:00（12~2月は~16:30）料金（方丈庭園）一般600・高500・中小400円（三門拝観は同額別途）所要30分

紅葉:11~12月

永観堂　地図P52　左京区永観堂町
☎075・761・0007　時間10:00~17:00（秋の寺宝展期間中は異なる）料金大人600・高中小400円（寺宝展期間は異なる）所要40分

銀閣寺　地図P54　左京区銀閣寺町
☎075・771・5725　時間8:30~17:00（12月~2月は9:00~16:30）料金高校生以上500・中小300円　所要30分（特別拝観中は時間・料金が異なる）

桜:4月上旬

哲学の道　地図P54　哲学者、西田幾多郎がこの道を散歩しながら、思索したところから生まれた名前。熊野若王子神社から疎水に架かる銀閣寺橋までの散策道。

洛中
洛東
洛北
洛西
洛南

紅葉:11～12月

詩仙堂　地図P56　左京区一乗寺門口町27
☎075-781-2954　時間9:00～17:00
料金一般700・高500・中小300円　所要30分

紅葉:11～12月

曼殊院　地図P56　左京区一乗寺竹ノ内町42
☎075-781-5010　時間9:00～17:00　料金一般600・高500・中小400円　所要30分

紅葉:11～12月

圓光寺　地図P56　京都市左京区一乗寺小谷町13
☎075-781-8025　時間9:00～17:00
料金一般600・高中小300円　所要30分

萩:9月中旬

上賀茂神社　地図P58　北区上賀茂本山
☎075・781・0011　時間10:00～16:00　参拝自由（国宝特別参拝は500円）　所要30分

社家の家並み　地図P58　上賀茂神社の境内を出た所にある明神川の畔には、土塀を連ねた社家が立ち並ぶ。社家とは神官の家のことで家ごとに橋を架け邸内に水を引き入れ、曲水や池を作っている。

杜若:5月中旬

大田ノ沢カキツバタ(大田神社境内)　地図P58
北区上賀茂本山　☎075・781・0011（上賀茂神社）
時間9:30～16:30　カキツバタ育成協力金300円
所要60分

紅葉：11〜12月

大徳寺　地図P60　北区紫野大徳寺町
☎075・491・0019　境内自由、本坊公開は要問い合せ（例年11月に特別公開）　所要40分

大仙院（大徳寺塔頭）　地図P60　北区紫野大徳寺町
☎075・491・8346　時間9：00〜17：00（12〜2月は〜16：30）　法要・行事時休　料金高校生以上500・中小300円　所要20分

高桐院（大徳寺塔頭）　地図P60　北区紫野大徳寺町
☎075・492・0068　時間9：00〜15：30　不定休
料金高校生以上500・中300円・小学生無料　所要20分　＊拝観休止中、再開未定

瑞峯院（大徳寺塔頭）　地図P60　北区紫野大徳寺町
☎075・491・1454　時間9：00〜17：00　料金高校生以上400・中小300円　所要30分

龍源院（大徳寺塔頭）　地図P60　北区紫野大徳寺町
☎075・491・7635　時間9：00〜16：20　不定休
料金一般350・高250・中小200円　所要20分

今宮神社　地図P60　北区紫野今宮町
☎075・491・0082　時間（社務所）9：00〜17：00
参拝自由　所要15分

梅:2月下旬　紅葉:11～12月

北野天満宮　地図P62　上京区馬喰町
☎075･461･0005　時間9:00～17:00（宝物殿は9:00～16:00）　宝物殿は毎月25日、観梅･青もみじ･紅葉期開館
料金一般1000･高中500･小と修旅生250円(宝物殿)　所要30分

千本釈迦堂　地図P62　上京区七本松通今出川上ル
☎075･461･5973　時間9:00～17:00　料金(霊宝殿)一般600･大高500･中小400円　所要60分

紅葉:11～12月

金閣寺　地図P64　北区金閣寺町
☎075･461･0013　時間9:00～17:00
料金高校生以上500･中小300円　所要35分

椿：2月中旬～　芙蓉：9月中旬

等持院　地図P64　北区等持院北町
☎075･461･5786　時間9:00～16:30
料金高校生以上600･中小300円　所要30分

桜:4月上旬　睡蓮:5月下旬～
藤:4月下旬　萩:9月下旬～10月下旬

龍安寺　地図P66　右京区竜安寺御陵下町
☎075･463･2216　時間8:00～17:00　（12～2月は8:30～16:30）　料金大人600･高500･中小300円
所要40分

桜:4月中旬

仁和寺　地図 P66　右京区御室大内
☎075･461･1155　時間9:00～17:00(12～2月は～16 : 30)（霊宝館は、4/1～5月第4日曜、10/1～11/23）（御所庭園)料金一般800円 ･ 高校生以下無料(霊宝館は別途一般500円･高以下無料)　所要40分

妙心寺　地図P66　右京区花園妙心寺町
☎075・461・5381　時間9：00～16：00（12：00～13：00はチケット販売休止　（法堂・大庫裏）料金高校生以上700・中小400円　所要30分

広隆寺　地図P68　右京区太秦蜂岡町
☎075・861・1461　時間9：00～17：00（12～2月は～16：30）（新霊宝殿）料金一般800・高500・中小400円　所要30分

東映太秦映画村　地図P68　右京区太秦東蜂岡町
☎075・846・7716　時間10：00～17：00
料金一般2400・高中1400・小(3歳以上)1200円　所要180分

桜:4月上旬　芙蓉:9月上旬　紅葉:11～12月

天龍寺　地図P70　右京区嵯峨天龍寺芒ノ馬場町
☎075・881・1235　時間8：30～17：00（3/21～10/20は～17：30）（庭園）料金高校生以上500・中小300円(堂内拝観は追加300円）　所要15分

野宮神社　地図P70　右京区嵯峨野々宮町
☎075・871・1972　時間9：00～17：00　境内自由
所要20分

紅葉：11～12月

常寂光寺　地図P70　右京区嵯峨小倉山小倉町
☎075・861・0435　時間9：00～17：00
料金中学生以上500・小200円　所要20分

祇王寺　地図P72　右京区嵯峨鳥居本小坂町
☎075·861·3574　時間9:00～16:30（受付）
料金大学生以上300·高校生以下100円　所要20分

化野念仏寺　地図P72　右京区嵯峨鳥居本化野町
☎075·861·2221　時間9:00～16:30　積雪等天候により休みあり　料金一般500·高中400円·小無料(保護者同伴に限る)　所要20分

清凉寺　地図P72　右京区嵯峨釈迦堂藤ノ木町
☎075·861·0343　時間9:00～16:00（4·5·10·11月は～17:00、霊宝館は同期間のみ）料金一般400·高中300·小200円(本堂のみ)(霊宝館·庭園は別料金)
所要30分

大覚寺　地図P72　右京区嵯峨大沢町
☎075·871·0071　時間9:00～17:00　料金一般500·高校生以下300円、大沢池は一般300·高校生以下100円　所要40分

萩：9月上旬　紅葉：11～12月

二尊院　地図P72　右京区嵯峨二尊院門前長神町
☎075·861·0687　時間9:00～16:30
料金中学生以上500円·小無料　所要20分

山吹：4月中旬～

松尾大社　地図P74　西京区嵐山宮町
☎075·871·5016　時間9:00～16:00、日祝は～16:30（庭園·神像館共通）料金一般500·大高中400·小300円　所要40分

伏見稲荷大社　地図P76　伏見区深草薮ノ内町
☎075･641･7331　時間8:30～16:30　境内自由
お山巡り所要120分、境内10分

藤森神社　地図P76　伏見区深草鳥居崎町
☎075･641･1045　時間9:00～17:00
料金志納、6月時のアジサイ園は有料　所要30分

御香宮　地図P77　伏見区御香宮門前町
☎075･611･0559　時間9:00～16:00（石庭のみ）不定休　料金一般200 ･ 高中150円(石庭)　所要20分

寺田屋　地図P77　伏見区南浜町
☎075･622･0243　時間10:00～15:40　月曜不定休　料金一般600･大高中300･小200円　所要20分

竜馬通り商店街　地図P77　坂本龍馬の常宿「寺田屋」に程近い商店街。石畳の道の両側には、京町家風のお店が立ち並び、レトロな雰囲気を醸し出している。龍馬にちなみ、工夫をこらしたオリジナルグッズの販売や、イベントが行われている。

月桂冠大倉記念館　地図P77　伏見区南浜町
☎075・623・2056　時間9:30～16:30　お盆休
料金一般20才以上600･13～19才100円･12才以下無料　所要50分

京都駅
きょうとえき

A1〜A3・B1〜B3・C1〜C6・D1〜D3京都駅前

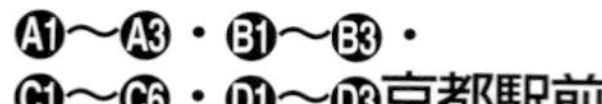

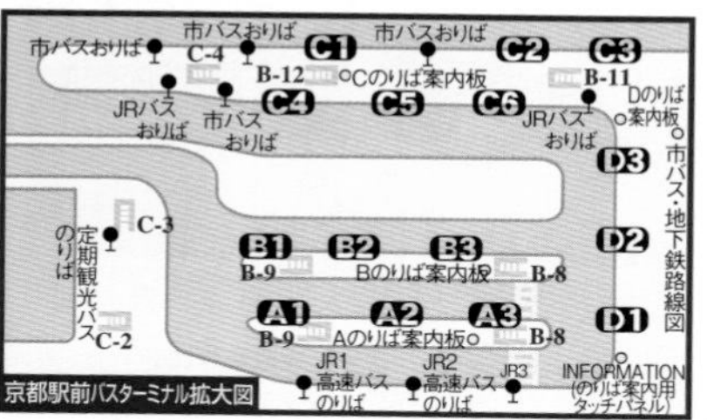

あんじょうお行きやす

京都駅ビルは、1997年(平成9)完成の4代目駅舎。地上45mの**空中径路**や、**大階段・大空広場**は見物。

京都タワーはまさに京都のシンボル。地上100mからの展望は駅ビルに劣らない。(展望室有料)

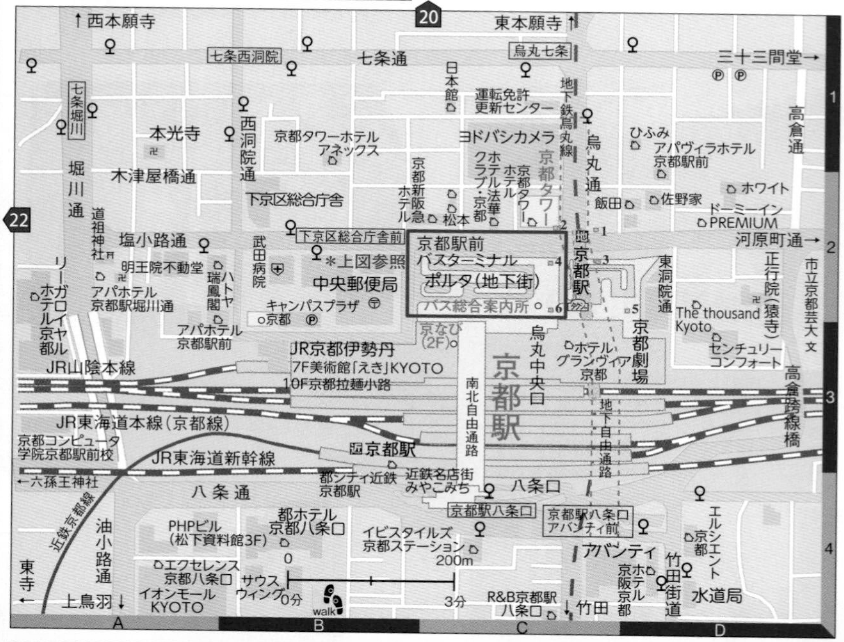

目的地	参照頁	乗り場	待ち時分	アクセスと下車バス停 ※太字は1時間に4便以上(昼間)	乗車時分
西本願寺	20	B1C6	5・15	**9**(B1)・**28**(C6)で西本願寺前❷	6・6
東本願寺				烏丸通を北へ徒歩9分	
京都水族館・京都鉄道博物館	22	B3	15、15	86、58(土休日運行)で、七条大宮・水族館前バス停、梅小路公園・京都鉄道博物館前バス停	7〜・10〜
東寺	22	C4	30	42で東寺東門前❷	8
		C4	15	16で八条大宮バス停・東寺西門前バス停	11・14
四条河原町	24	A1	5、15	**5**、105(土休日運行)で四条河原町⑫	18、18
新京極		A2	3〜	**4・特4・7・205**で四条河原町⑩(7は⑪)	14〜

5系統は四条通･五条通経由に分かれ四条河原町で合流。バスの土休日路線変更の嵐山は、P5･P72を参照。＊(土休日運行)は、(土休日)とも表記。京都駅から嵐山へはJR嵯峨野線がオススメ。

目的地	参照頁	乗り場	待ち時分	アクセスと下車バス停 ※太字は1時間に4便以上(昼間)	乗車時分
四条高倉 四条烏丸	26	A1	10	5(四条通経由)で四条烏丸⓫･四条高倉㉑	11･15
		D3	10、10	26、C6から京都バス73･76･77等で四条烏丸❼	13
		地京都駅	4	地下鉄烏丸線〔上り〕で四条駅･烏丸御池駅	4･6
四条大宮 壬生寺	28	D3	10	26で四条大宮❹･壬生寺道⓲	19･20
		C6	15、10	28、京都バス73･76･77等で四条大宮❹･壬生寺道⓲	15･16
		A3	7	**206**･6で四条大宮❻	16･15
河原町三条	30	A1	5、15	**5**、105(土休日運行)で河原町三条❻	20、20
		A2	4～	**4･特4･7･205**で河原町三条❼(7は❽)	16～17
京都御所	32	A2	4～	**4･特4･7･205**で府立医大病院前⓬	23～24
		地京都駅	4	地下鉄烏丸線〔上り〕で丸太町駅･今出川駅	8･10
下鴨神社	34	A2	10･5	**4･特4･205**で下鴨神社前❷	30～31
		A2	6	**7**で出町柳駅前バス停	28
西陣	36	B1	5	**9**で堀川今出川❼･堀川寺ノ内バス停	25･27
二条城	38	B1B2	5･8	**9**(B1)･**50**(B2)で二条城前❻	16･17
		地京都駅	4+4	地下鉄烏丸線〔上り〕で烏丸御池駅(継)二条城前駅	6+2
東福寺・泉湧寺	40	D2	10、15	208、88(土休日運行)で泉涌寺道❷･東福寺❹	13･15
三十三間堂	42	D2	7･10～	**206**･**208**･86･106･京都バス臨東山、88(土休日)で博物館三十三間堂前❶、東山七条❺(208･88は❸)	9･10
清水寺・祇園	44･46	D2	7･15～	**206**･86･106･京都バス臨東山で五条坂❼･清水道❽･祇園❺	15･17･21
		D1	7･7	EX100･EX101(土休日運行)で五条坂❼(EX101は五条坂❻のみ)、祇園❺	10･10、13
高台寺・霊山歴史館	44	D2	7･15～	**206**･86･106･京都バス臨東山で東山安井バス停	19
知恩院 青蓮院	48	D2	7･15～	**206**･86･106･京都バス臨東山で知恩院前バス停、東山三条❹(106は❼)	23･25
		地京都駅	4+4	地下鉄烏丸線〔上り〕で烏丸御池駅(継)東山駅	6+5
平安神宮	50	A1	5･15	**5**、105(土休日)で岡崎公園 美術館･平安神宮前❷	32･32
		D2	15	86で岡崎公園 美術館･平安神宮❶	33
		D1	8	EX100(土休日)で岡崎公園 美術館･平安神宮前❷	18
南禅寺・永観堂	52	A1	5	**5**で南禅寺･永観堂道❷	36
		地京都駅	4+4	地下鉄烏丸線〔上り〕で烏丸御池駅(継)蹴上駅	6+7
銀閣寺	54	A1A2	5、10、6	**5**(A1)･**7**(A2)、105(土休日)(A1)で銀閣寺道❸(**7**は❺)、105は銀閣寺前❶	43、44･36
		D1	7	EX100(土休日運行)で銀閣寺前❶	24
詩仙堂・曼殊院	56	A1	5	**5**で一乗寺下り松町❹･一乗寺清水町❷	49･51
大原	80	C3	10･30	京都バス17･特17	65･75
		地京都駅	4+15	地下鉄烏丸線〔上り〕で国際会館駅(P78)(継)京都バス19･特17	20+22
上賀茂神社	58	B1	5	**9**で上賀茂御薗橋❺	38
		A2	10	**4･特4**(左京区総合庁舎経由)で上賀茂神社前❶	51･55
大徳寺		A3	7	**206**で大徳寺前❶	40
		B1	5	**9**で北大路堀川バス停	30
北野天満宮	62	B2	8	**50**で北野天満宮前❷･北野白梅町❽	33･36
金閣寺	64	B3	4	**205**で金閣寺道❸	43
妙心寺・仁和寺 龍安寺 高雄	66 79	D3	10	26で妙心寺北門前❼･御室仁和寺❹	42･46
		B2	8	**50**で立命館大学前❽(龍安寺へ徒歩11分)	42
		JR3	30	JRバス(立命館大経由)で龍安寺前❷･御室仁和寺❹･高雄❸･栂ノ尾❻	31･33･49･51
広隆寺	68	地京都駅	4+10	地下鉄四条駅(継)四条烏丸❼から11で太秦広隆寺前❻	4+27
映画村・嵐山	68･70	C6	10	京都バス73･76･77等で太秦広隆寺前❻･嵐山❹	35･45
天龍寺	70	C6	15	28で嵐山天龍寺前❷	44
嵯峨野・大覚寺	72	C6	15	28で嵯峨小学校前❼･嵯峨釈迦堂前❻･大覚寺❶	48･50･53
松尾大社	74	C6	15	28で松尾大社前❹	37
伏見稲荷	76	C4	30	南5で稲荷大社前❶	16
伏見界隈	77	C4	10	81･特81･19･南5で京橋❸	33･39･41

よみかた 烏丸(からすま) 塩小路(しおこうじ) 東洞院(ひがしのとういん) 油小路(あぶらのこうじ) 木津屋橋(きづやばし) 東寺(とうじ) 泉涌寺(せんにゅうじ) 高台寺(こうだいじ) 霊山(りょうぜん) 青蓮院(しょうれんいん)

洛中 洛東 洛北 洛西 洛南

東本願寺・西本願寺

ひがしほんがんじ　にしほんがんじ

❶❷西本願寺前
❸〜❻、⓱⓲七条堀川
❼❽七条西洞院
❾〜⓭烏丸七条
⓮⓯島原口
⓰西洞院正面

あんじょうお行きやす、おひがしさん、おにしさん

1602年（慶長7）創建の「真宗大谷派」の総本山**東本願寺**。親鸞聖人の木像を安置した御影堂は、世界最大級の木造建築。阿弥陀堂への渡り廊下には、再建の際、材木を引くために全国の女性門徒の毛髪でよりあげた「**毛綱**」が展示されている。（参拝自由）

東本願寺の飛地境内である**渉成園**（**枳殻邸**）は源融の六条河原院苑池の遺蹟という。石川丈山作庭の庭園には桜、楓、藤などが咲き誇る。（500円（参観者協力寄付金））

西本願寺は「浄土真宗本願寺派」の本山で、1272年（文永9）、宗祖・親鸞聖人の末娘、覚信尼の廟堂に始まる。1591年（天正19）、豊臣秀吉の寺地寄進で現在地に移った。

伏見城の遺構で、見事な彫刻の**唐門**をはじめ、華麗な桃山文化を代表する建築物が立ち並ぶ。2021年9月に国宝の**唐門**は修復工事を終え、輝きと彩りの美しい様子が楽しめる。

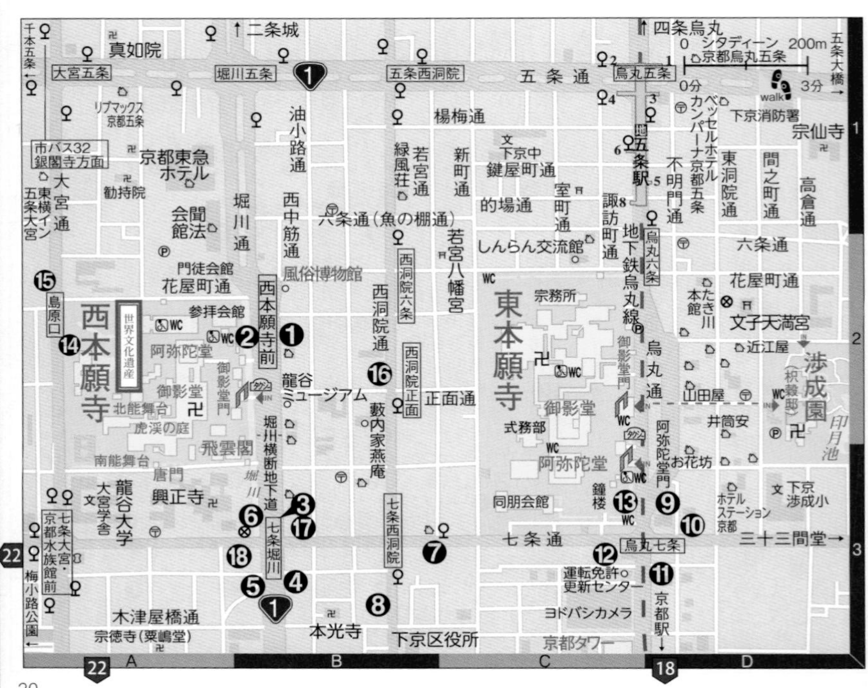

北行５系統は四条通・五条通経由に分かれ四条河原町で合流。特記のない場合は両系統乗車可能。

目的地	参照頁	乗り場	待ち時分	アクセスと下車バス停 ※太字は１時間に４便以上(昼間)	乗車時分
京都駅	18	❶❸❹❾⓫		バス全系統(市バス・京都バス)で京都駅前降り場	4～7
東寺	22			東本願寺からは京都駅まで戻る	
		⓮	3～	**207**・71・18・特18で東寺東門前❷	4
四条河原町 四条高倉 四条烏丸	24・26	⓯	5	**207**で四条烏丸❾・四条高倉㉒・四条河原町❾	12・15・18
		⓭	10	5（四条通経由）で四条高倉㉒・四条河原町⓬	11～・14～
		⓭	10、15	5（五条通経由）、105（土休日）で四条河原町❾	18、18
		⓭	10・10	26、京都バス73・75・76等で四条烏丸❼	9
四条大宮 壬生寺	28	❷❻	15	28で四条大宮❹・壬生寺道⓲	7～11
		⓭	10・10	26、京都バス73・75・76で四条大宮❷・壬生寺道⓲	15・16
河原町三条 三条京阪	30	⓭	5、15	**5**、105（土休日運行）、京都バス17・特17で河原町三条❻・三条京阪前バス停	20～、20～・16～
下鴨神社	34			西本願寺からは京都駅まで戻る	
京都御所	32	地五条駅	4	地下鉄烏丸線〔上り〕で丸太町駅・今出川駅	5・8
西陣	36	❷❻	5	**9**で堀川今出川❼・堀川寺ノ内バス停	19～22
二条城	38	❷❻	5	**9**で二条城前❻	10・11
		⓰	8	**50**で二条城前❻	12
東福寺 泉涌寺	40	❿	10	208で泉涌寺道❷・東福寺❹	9・11
		⓮	5	**207**で東福寺❸・泉涌寺道❶	20・21
三十三間堂	42	❿	15・7・10	106・**206**・208、京都バス臨東山で博物館三十三間堂前❶・東山七条❺	5・7
清水寺・祇園	44・46	❿	15・7	106・**206**、京都バス臨東山で五条坂❼・清水道❽・祇園❺	11・12・17
知恩院 青蓮院	48	❿	15・7	106・**206**、京都バス臨東山で知恩院前バス停・東山三条❹(106は❼)	19・21
		⓭	5	**5**で東山三条❶	25
平安神宮	50	⓭	5、15	**5**、105（土休日運行）で岡崎公園 美術館・平安神宮前❷	28、28
南禅寺・永観堂	52	⓭	5	**5**で南禅寺・永観堂道❷	32
銀閣寺	54	⓭	5、15	**5**、105（土休日）で銀閣寺道❸(105は銀閣寺前❶)	39、40
詩仙堂・曼殊院	56	⓭	5	**5**で一乗寺下り松町❹・一乗寺清水町❷	45・47
上賀茂神社	58	❷❻	5	**9**で上賀茂御薗橋❺	32・33
大徳寺 北野天満宮 金閣寺 龍安寺 仁和寺 妙心寺	60 62 64 66	❺	7	**206**で大徳寺前❶	36
		⓰	8	**50**で北野天満宮前❷・立命館大学前❽(龍安寺)	27・35
		⓭	10	26で北野白梅町❼・妙心寺北門前❼・御室仁和寺❹	33・37・41
		❼⓬	4	**205**で北野白梅町❽・金閣寺道❸・大徳寺前❶	30～・35～・43～
		地京都駅	4+4～	地下鉄烏丸線〔上り〕で北大路駅継**206**・**205**等で大徳寺前❷・金閣寺道❷	20+5・11
広隆寺・映画村・嵐山	68	⓭	10～	京都バス73・76・77で太秦広隆寺前❻・嵐山❹	31・41
		❷	30、30	75、85で太秦映画村道❷、嵐山❸(85のみ、土休日は❹)	28、51
嵐山 嵯峨野・大覚寺	70・72	❷❻	15	28で嵐山天龍寺前❷・嵯峨小学校前❼・嵯峨釈迦堂前❻・大覚寺❶	38～47
松尾大社	74	❷❻	15	28で松尾大社前❹	31・32
洛南方面	76・77			京都駅まで戻る	

よみかた 島原口（しまばらぐち） 花屋町（はなやちょう） 楊梅（ようばい） 不明門（あけず） 間之町（あいのまち） 枳殻邸（きこくてい） 御影堂（ごえいどう） 興正寺（こうしょうじ） 文子天満宮（あやこてんまんぐう）

東寺
とうじ

❶八条大宮
❷❸❽東寺東門前
❹〜❼九条大宮

あんじょうお行きやす、弘法さん

東寺は平安京造営に際し、羅城門の東に創建された。徳川家光が再建した日本一高い五重塔（57ｍ）はまさに京のシンボル。

毎月21日、朝5時頃から16時頃（日没）までの東寺縁日は、「**弘法さん**」と呼ばれ親しまれている。立ち並ぶ露店に並べられた珍しい品々や、店の人と買物客とのやりとりは活気があって見ているだけでも楽しい。

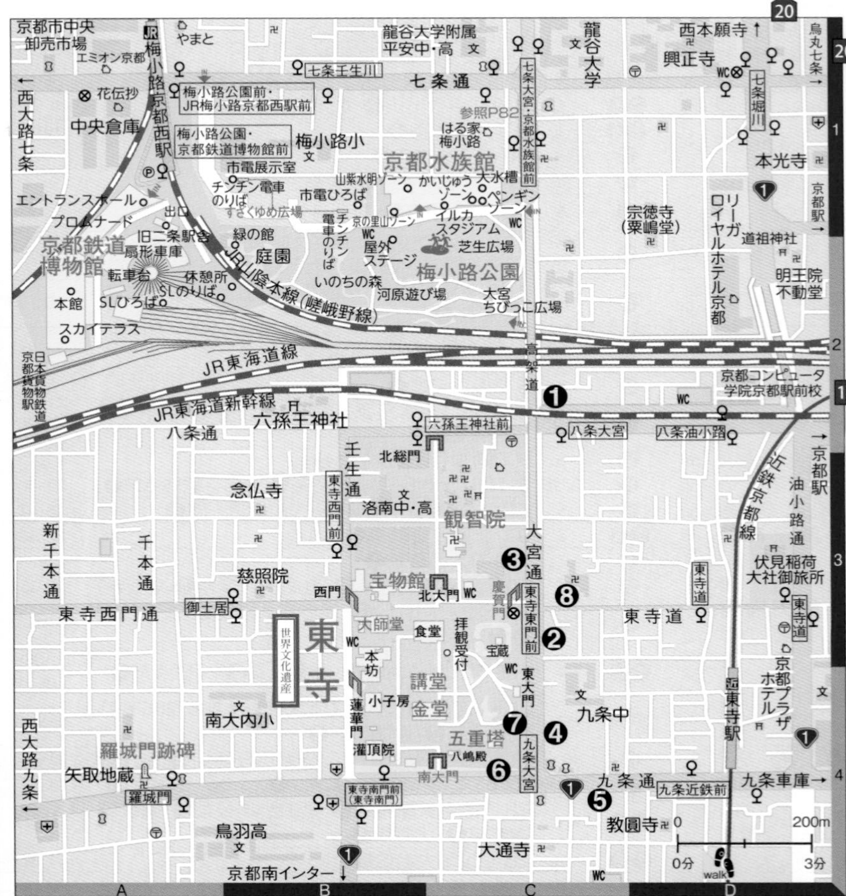

＊京都駅で乗り換えると、バスや地下鉄烏丸線など、より選ぶことが出来ます。

目的地	参照頁	乗り場	待ち時分	アクセスと下車バス停 ※太字は1時間に4便以上(昼間)	乗車時分
京都駅	18	❶	15	16で京都駅前市バス降り場	7
		❻❽	30	42で同上降り場	9~·8~
東本願寺	20	❻	10	208で烏丸七条⓫	20
西本願寺		❸❼	3~	**207·71·18·特18**で島原口⓯	5·6
四条河原町	24	❸❼	5	**207**で四条河原町❾	22·23
四条烏丸	26	❸❼	5	**207**で四条烏丸❾·四条高倉㉑	17~
四条大宮 壬生寺	28	❸❼	15~	18·特18で四条大宮❼	11·12
		❸❼	10	71で四条大宮❹·壬生寺道⓲	11~13
		❸❼	5	**207**で四条大宮❶	11·12
河原町三条	30			四条河原町(P24)から徒歩7分	
京都御所	32	❺❻	6	**202**で烏丸丸太町❼·❽	39·41
下鴨神社	34	❼❽	30+4~	京都駅(P18)㊎**4·特4·205**等で下鴨神社前❷	9+28~
西陣	36	❸❼	5+5~	**207**で四条堀川(P28)㊎**9·12**で堀川今出川❼·堀川寺ノ内バス停	13~+15~
二条城	38	❸❼	5+5~	**207**で四条堀川㊎**9·50·12**で二条城前❻	13~+5~
東福寺 泉涌寺	40	❷❹	5	**207**で東福寺❸·泉涌寺道❶	14~17
		❻	6·10	**202·208**で東福寺❸·泉涌寺道❶	12~·13~
三十三間堂	42	❷❹	5	**207**で東山七条❺	20·18
		❻	6	**202**で東山七条❺	16
		❻	10	208で東山七条❹·博物館三十三間堂前❷	18·19
清水寺	44	❷❹	5	**207**で五条坂❼·清水道❸	22~26
		❻	6	**202**で五条坂❼·清水道❽	20·22
高台寺 祇園	44· 46	❷❹	5	**207**で東山安井バス停·祇園❷	24~27
		❻	6	**202**で東山安井バス停·祇園❺	24·26
知恩院·青蓮院	48	❻	6	**202**で知恩院前❻·東山三条❹	28·30
平安神宮	50	❻	6	**202**で東山二条·岡崎公園口⓮	32
南禅寺 永観堂	52	❸❼	5+5	**207**で四条河原町(P24)㊎**5**で南禅寺·永観堂道❷	23~+23
		❻	6+5	**202**で東山三条(P48)㊎東山駅から地下鉄東西線で蹴上駅	30+2
銀閣寺	54			京都駅前(P18)乗換	
		❸❼	5+10	**207**で大宮五条(P28)㊎32(北行)で銀閣寺前❶	6~+37
上賀茂神社	58	❸❼	5+5	**207**で四条堀川(P28)㊎**9**で上賀茂御薗橋❺	12~+27
大徳寺	60	❸❼	5~+7	**207·71·18·特18**で七条大宮·京都水族館前(P82)㊎**206**(右回り)で大徳寺前❶	2~+33
北野天満宮	62	❸❼	10~+6~	四条大宮(P28)㊎**203**で北野天満宮前❶·55で北野天満宮前❷	11~+20~
金閣寺	64	❸❼	5~+4	**207·71·18·特18**で七条大宮·京都水族館前(P82)㊎**205**(右回り)で金閣寺道❸	2~+32
龍安寺 仁和寺 高雄	66 79	❸❼	10~+15	四条大宮㊎55で立命館大学前❽(徒歩11分)	11~+25
		❸❼	10~+10	四条大宮(P28)㊎**26**で御室仁和寺❹	11~+28
		❸❼	10~+10	四条大宮㊎JRバス(立命大経由)で龍安寺前❷·御室仁和寺❹·高雄❸·栂ノ尾❻	11~+19·21·37·39
妙心寺	66	❸❼	10~+10	四条大宮㊎91で 妙心寺前❾	11~+19
広隆寺·映画村	68	❸❼	10~+10	四条大宮㊎**11**·京都バス73等で太秦広隆寺前❻	11~+18
天龍寺	70	❸❼	10~+10~	四条大宮㊎**11·28**で嵐山天龍寺前❷	11~+32~
大覚寺	72	❸❼	10~+10~	四条大宮(P28)㊎**91·28**で大覚寺❶	11~+40~
松尾大社	74	❸❼	10	71で松尾橋❻(松尾大社へ徒歩8分)	32
伏見稲荷	76	❼❽	15~+20	京都駅前(P18)㊎**南5**等で稲荷大社前❶	9~+16
伏見桃山	77	❺	30	19で京橋❸	22

よみかた 西大路(にしおおじ) 七条大宮(ななじょうおおみや) 六孫王(ろくそんのう) 観智院(かんちいん) 食堂(じきどう) 金堂(こんどう) 羅城門(らじょうもん) 御土居(おどい) 梅小路(うめこうじ)

❶〜⓭四条河原町

あんじょうお行きやす　「錦天満宮(にしきてんまんぐう)」（錦の水）　「誓願寺(せいがんじ)」（芸能上達祈願）

30
26
46
44

↑御池通
六角通
誓願寺
ろっくんプラザ
新京極通
誠心院（和泉式部寺）
裏寺町通
西光寺（寅薬師）
永福寺（蛸薬師堂）
蛸薬師通
寺町通
錦市場←
錦小路通
安養寺（倒蓮華寺）
善長寺（くさがみさん）
錦天満宮
東急ステイ新京極通
京極一番街（井筒八ツ橋）
染殿院
花遊小路
スーパーホテル京都2号店
ちいかわらんど
京都セントラルイン
坂本龍馬・中岡慎太郎遭難之地跡地
↑河原町三条
あじびる
ROUND1
BALビル
丸善
土佐稲荷岬神社
河原町通
TSC TOWER
河原町オーパ
H ⓬
G ⓫
❶A
⓾F
六角通
彦根藩邸跡碑
山崎橋
坂本龍馬の妻お龍独身時代寓居跡
車屋橋
木屋町通
南車屋橋
七之舟入碑
蛸薬師橋
土佐藩邸跡碑
角倉了以翁顕彰碑
立誠ガーデンヒューリック京都
八之舟入碑
本間精一郎遭難之地跡碑
紙屋橋
先斗町通
高瀬川
十軒町橋
中岡慎太郎寓居跡碑
古高俊太郎邸跡碑
九之舟入碑
築地
志る幸
真橋
ソワレ
コトクロス阪急河原町
四条河原町
四条通
四条大橋
←四条烏丸
京都河原町駅
D
❾E
❻
（閉鎖）
八坂神社御旅所（Otabi Kyoto）
藤井大丸
高島屋
三井ガーデンホテル京都河原町浄教寺
京都大神宮
京都市総合教育センター
GOOD NATURE STATION
仏光寺通
空也寺
❸B
京都河原町ガーデン
❹（プリンセスライン）
⓭C
❺（京阪バス）
フランソワ
秀仙閣
木屋町通
西石垣通
団栗橋
鳥弥三
平安荘
↓河原町五条
鴨川
鴨川河川敷
花の回廊
↑三条京阪
京阪電車本線
せせらぎの道
川端通
四条京阪前
祇園四条駅
菊水
井筒八ツ橋本店
祇園北座・
八坂神社→
南座
天壇
団栗通
宮川町通
新道通
大和大路通
京阪七条↓
0　200m
0分　3分
walk

A　B　C　D
1　2　3　4　5

5系統は四条通・五条通経由に分かれ四条河原町で合流。特記のない場合は両系統乗車可能。

目的地	参照頁	乗り場	待ち時分	アクセスと下車バス停 ※太字は1時間に4便以上(昼間)	乗車時分
京都駅	18	❸	4～	**4·特4·205**で京都駅前市バス降り場	11～13
		❶❸	10·10	**5**で同上降り場(❶四条通経由、❸五条通経由)	15～
東本願寺	20	❶❸	10·10	**5**で烏丸七条❾　(同上)	11～
西本願寺	20	❻	5	**207**で島原口⓮	18
東寺 京都鉄道博物館	22	❻	5	**207**で七条大宮·京都水族館前、東寺東門前❷	19、22
		❻	15	58(土休日運行)で七条大宮·京都水族館前バス停、梅小路公園·京都鉄道博物館前バス停	19、22
四条烏丸	26	❻	2～	市バス全系統で四条高倉㉒·四条烏丸各バス停	4·7
四条大宮	28	❻	2～	32·**46**·**201**·**207**等で四条大宮バス停	12
壬生寺		❻	2～	11·**203**·**3**で四条大宮❷(3は❹)·壬生寺道⓲	12·13
河原町三条	30	❿～⓬	2～	市バス全系統で河原町三条❺～❿	2～3
京都御所	32	❿⓫	3～	**205**·**4**·**特4**、**3**·**7**(⓫から)で府立医大病院前⓬	9
下鴨神社	34	❿	4·10	**4·特4·205**で下鴨神社前❷	16
西陣	36	❻	3～	**12**·**201**·**59**·51(**59**·51は❶から)で堀川今出川各バス停	24～30
二条城	38	❻	8	**12**で二条城前❻	15
東福寺·泉涌寺	40	❾	5、15	**207**、58(土休日運行)で泉涌寺道❷·東福寺❹	18～·20～
三十三間堂	42	❾	5、15	**207**、58(土休日運行)で東山七条❸	15～
清水寺·高台寺	44	❾	5、15	**207**、58(土休日運行)で東山安井バス停·清水道❶·五条坂❹	7·9·11
祇園·八坂神社	46	❾	2～	31·**46**·**201**·**203**·**207**、58(土休日運行)で祇園各バス停	5
知恩院	48	❾	3～	31·**46**·**201**·**203**で知恩院前❻·東山三条❹	7·9
青蓮院		⓬	5、15	**5**、105(土休日運行)で東山三条❶	10～
平安神宮	50	❾	8	**46**で岡崎公園 ロームシアター京都·みやこめっせ前❹、岡崎公園 美術館·平安神宮前❶	13、16
		⓬	5·10、15	**5**·32、105(土休日運行)で岡崎公園 美術館·平安神宮前❷(32は岡崎公園 ロームシアター京都·みやこめっせ前❹)	13·10
南禅寺·永観堂	52	⓬	5	**5**で南禅寺·永観堂道❷	17
銀閣寺	54	⓬	10、15	32、105(土休日運行)で銀閣寺前❶、**5**で銀閣寺道❸	24、27、28
		❾	6	**203**で銀閣寺道❹	27
		⓫	10	**7**で銀閣寺道❺	21
詩仙堂·曼殊院	56	⓬	5	**5**で一乗寺下り松町❹·一乗寺清水町❷	31·33
大原	80	❿	15·30	京都バス17·特17で大原❶	48·58
上賀茂神社	58	❿	10	**4·特4**(左京区総合庁舎経由)で上賀茂神社前❶	38·42
		❻	8	**46**で上賀茂神社前❶	47
大徳寺	60	❻	8	**12**で大徳寺前❷	30
		❿	4	**205**で大徳寺前❷	31
北野天満宮	62	❻	6	**203**で北野天満宮前❶	32
金閣寺	64	❶	7	**59**で金閣寺道❶	43
		❻	8	**12**で金閣寺道❶	36
		❿	4	**205**で金閣寺道❷	37
龍安寺	66	❶	10	10で妙心寺北門前❼·御室仁和寺❹	42·46
仁和寺		❶	7	**59**で龍安寺前❷·御室仁和寺❹	49·53
映画村	68	❻	10	11で太秦広隆寺前❻	33
天龍寺	70	❻	10	11で嵐山天龍寺前❷	44
嵯峨野	72	❻	10	11で嵯峨小学校前❼	48
松尾大社	74	❻	10	**3**で松尾橋❻(松尾大社へ徒歩8分)	39
伏見稲荷	76		4～+30	京都駅前(P18)(経)南5で稲荷大社前❶	11～+16
伏見桃山	77		4～+15～	京都駅前(経)81·特81等で京橋❸	11～+33～

よみかた　先斗町(ぽんとちょう)　木屋町(きやまち)　蛸薬師(たこやくし)　錦小路(にしきこうじ)　花遊小路(かゆうこうじ)　仏光寺(ぶっこうじ)　川端(かわばた)　六角(ろっかく)　染殿院(そめどのいん)

四条高倉・四条烏丸

しじょうたかくら　しじょうからすま

❶〜⓫四条烏丸（地下鉄四条駅）
⓭烏丸御池
㉑㉒四条高倉（バス停が整備されおススメ）

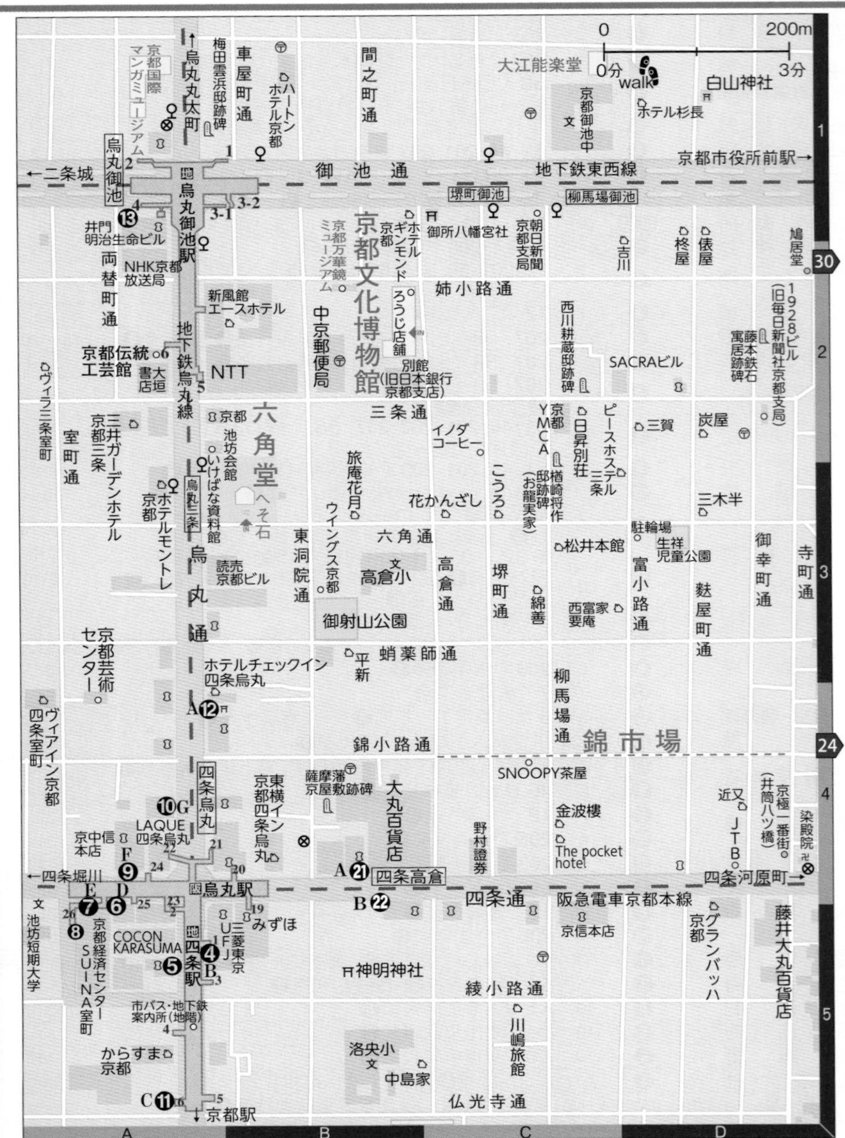

目的地	参照頁	乗り場	待ち時分	アクセスと下車バス停 ※太字は1時間に4便以上(昼間)	乗車時分
京都駅	18	❹	2~	市バス全系統で京都駅前バス降り場	8~13
		地四条駅	4	地下鉄烏丸線〔下り〕(烏丸御池駅からも)で京都駅	4·(6)
東本願寺	20	❹	10·10	5·26、京都バス全系統で烏丸七条❾	7、5
西本願寺	20	❻㉒	5·15	**207**で島原口⓮	12~·15~
京都水族館 東寺	22	❻㉒	5·15	**207**、58(❹㉒から、土休日運行)で七条大宮·京都水族館前バス停、東寺東門前❷(**207**のみ)	14~·16~
四条河原町 新京極	24	⓫㉑	10	5、58(土休日運行)で四条河原町⓬(58は❾)	3~8
		❾㉑	2	市·京都バス全系統で四条河原町(❾·⓫·⓬など)	3~8
四条大宮 壬生寺	28	❻㉒	5~	32·**46**·**201**·**207**等で四条大宮各バス停	6~9
		❼	5~	**3**·13·特13·臨13·29で四条大宮❹·壬生寺道⓲	6·7
		❼	5~	11·26·91·**203**で四条大宮❷·壬生寺道⓲	6·7
河原町三条	30	⓫㉑	10	5で河原町三条❻	10·5
		❾㉑	10~	**3**·32で河原町三条❽(32は❻)	5~10
京都御所	32	❿	30	65で烏丸丸太町❼	7
		❾㉑	10	**3**で府立医大病院前⓬	15·13
		地四条駅	4	地下鉄烏丸線〔上り〕(烏丸御池駅からも)で丸太町駅·今出川駅	4·6
下鴨神社	34	❾㉑	10	**3**で河原町今出川❸·出町柳駅前バス停	18·20
西陣	36	❻㉒	8	**12**で堀川今出川❼·堀川寺ノ内バス停	18~23
二条城	38	⓭	15	15で堀川御池❻	4
		❻	8	**12**で二条城前❻	9
		地烏丸御池駅	4	地下鉄東西線〔下り〕で二条城前駅	2
東福寺·泉涌寺	40	❾㉑	5·15	**207**、58(⓫㉑土休日運行)で泉涌寺道❷·東福寺❹	22~·24~
三十三間堂	42	❾㉑	5·15	**207**、58(同上)で東山七条❸	18~21
清水寺·高台寺	44	❾㉑	5·15	**207**、58(同上)で東山安井バス停·清水道❷·五条坂❹	10~17
祇園 八坂神社	46	⓬	30	31で祇園❺	11
		❾㉑	3~	**46**·**201**·**203**·**207**、58(⓫㉑土休日運行)で祇園各バス停	8~11
知恩院 青蓮院	48	❾㉑	5~	31·**46**·**201**·**203**(市バス31は⓬㉑乗り場)で知恩院前バス停·東山三条❹	12~·14~
		地烏丸御池駅	4	地下鉄東西線〔上り〕で東山駅	5
平安神宮	50	㉑	10	5で岡崎公園 美術館·平安神宮前❷	18
		❾㉑	10·8	32·**46**で岡崎公園 ロームシアター京都·みやこめっせ前❹(**46**は岡崎公園 美術館·平安神宮前❶にも)	16~
南禅寺·永観堂	52	㉑	10	5で南禅寺·永観堂道❷	21
		地烏丸御池駅	4	地下鉄東西線〔上り〕で蹴上駅	7
銀閣寺	54	㉑	10	5で銀閣寺道❸	29
		❾㉑	10·5	32·**203**で銀閣寺前❶(**203**は銀閣寺道❹)	28~
詩仙堂·曼殊院	56	㉑	10	5で一乗寺下り松町❹·一乗寺清水町❷	33·35
大原	80	地四条駅	4+15	地下鉄烏丸線〔上り〕で国際会館駅(P78)継)京都バス19·特17で大原❶	16+22
上賀茂神社	58	❻㉒	8	**46**で上賀茂神社前(御薗口町)❸	41~
大徳寺	60	❻㉒	8	**12**で大徳寺前❷	29·32
北野天満宮	62	❻	15~	55·52で北野天満宮前❷	24
		❼㉒	5	**203**で北野天満宮前❶	26~
金閣寺	64	❻㉒	8	**12**で金閣寺道❸	34~
妙心寺·仁和寺	66	❼	10·10	26·91で妙心寺北門前❼·御室仁和寺❹(91は妙心寺前❾のみ)	29~·33~·(26)
龍安寺		❻	8·15	**12**(12は㉒も)·52·55で立命館大学前❽(龍安寺まで徒歩11分)	31~38
映画村 広隆寺	68	❼㉒	10~	11·京都バス73·75·76(京都バスは❼からのみ)で太秦広隆寺前❻	22~
天龍寺	70	❼㉒	10~	11·京都バス73·76(京都バスは❼からのみ)で嵐山❹·嵐山天龍寺前❷(京都バスは嵐山❹のみ)	35~
嵯峨野	72	❼㉒	10	11で嵯峨小学校前❼	41~·44~
		❼	30	91で嵯峨釈迦堂前❻·大覚寺❶	40·43
高雄	79	❼	30	8で高雄❸·栂ノ尾❻	51·53
松尾大社	74	❼㉒	10	**3**で松尾橋❻(松尾大社へ徒歩8分)	34·37
伏見	76·77			京都駅前(P18)乗換	

よみかた 御池(おいけ) 姉小路(あねやこうじ) 綾小路(あやのこうじ) 御幸町(ごこうまち) 麩屋町(ふやちょう) 富小路(とみのこうじ) 柳馬場(やなぎのばんば) 堺町(さかいまち) 新風館(しんぷうかん)

四条大宮・壬生寺
しじょうおおみや　みぶでら

❶〜❿四条大宮
⓱⓲壬生寺道

あんじょうお行きやす、壬生さん

壬生狂言で有名。厄除節分会（2月2日・3日）」は、壬生狂言三十番組のうち、節分の豆まきにちなんだ演劇が無料公開される。

境内の**壬生塚**（参拝料 200 円）には、新選組・近藤勇の胸像や隊士の墓碑 4 基がある。池田屋事件の 7 月 16 日には「**新選組隊士等慰霊供養祭**」が行われる。

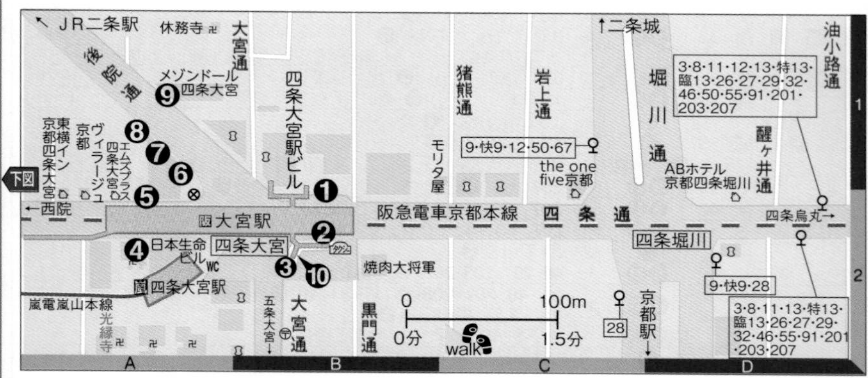

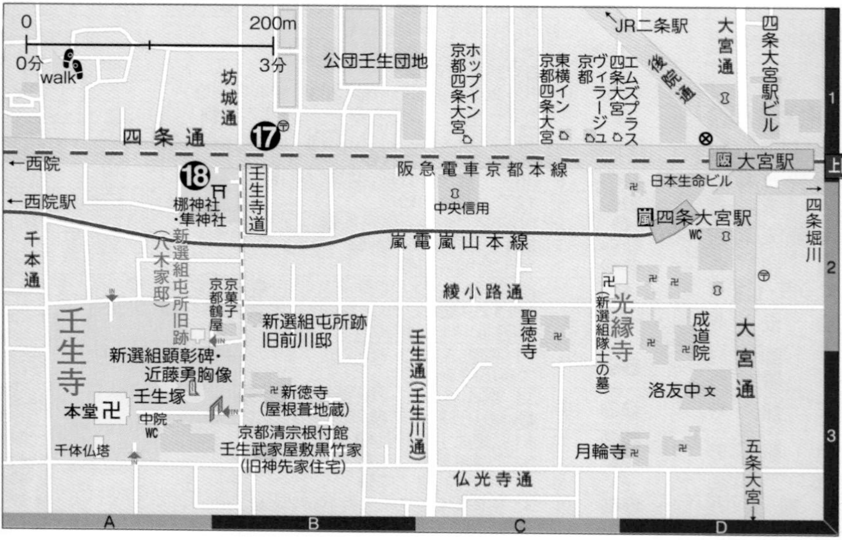

0
200m
0分
3分
walk
JR二条駅
公団壬生団地
坊城通
ホップイン京都四条大宮
東横イン京都四条大宮
京都ヴィラージュ
エムズプラス四条大宮
後院通
大宮通
四条大宮駅ビル
四条通
西院
阪急電車京都本線
大宮駅
上図
壬生寺道
梛神社・隼神社
日本生命ビル
西院駅
中央信用
四条大宮駅
四条堀川
千本通
嵐電嵐山本線
WC
新選組屯所旧跡（八木家邸）
京菓子京都鶴屋
綾小路通
光縁寺（新選組隊士の墓）
聖徳寺
成道院
大宮通
壬生寺
新選組屯所跡旧前川邸
新選組顕彰碑・近藤勇胸像
壬生塚
新徳寺（屋根葺地蔵）
壬生通（壬生川通）
洛友中
本堂
中院
WC
京都清宗根付館壬生武家屋敷黒竹家（旧神先家住宅）
千体仏塔
月輪寺
仏光寺通
五条大宮
A
B
C
D
1
2
3

目的地	参照頁	乗り場	待ち時分	アクセスと下車バス停 ※太字は1時間に4便以上(昼間)	乗車時分
京都駅	18	❶⓱	10~	26、京都バス73·76で京都駅前市バス降り場	17~19
		❺⓱	15	28で同上	13·15
東本願寺	20	❶⓱	10~	26、京都バス73·76で烏丸七条❾	11~13·14
西本願寺		❺⓱	15	28で西本願寺前❶	7·8
東寺 京都水族館	22	❸	4~	206·207·18·特18·71で七条大宮·京都水族館前バス停、東寺東門前❷(207·18·特18のみ)	8~、10~
四条河原町・新京極	24	⓱❶	5~、5·6	3·11、203·207(❶からのみ)等で四条河原町❾(3は⓫)	13·14
四条高倉	26	⓱❶	3~	3·8·11·203·207等で四条烏丸❾(❽)·四条高倉㉑	6~
四条烏丸		⓱❺	5~	13·特13·29·91で四条烏丸❽	7·8
河原町三条	30	⓱❶	5	3で河原町三条❽	15·16
京都御所	32	⓱❶	5	3で府立医大病院前⓬	21·23
		❻	6	201で烏丸今出川❷	27
下鴨神社	34	⓱	5	3で河原町今出川❸·出町柳駅前バス停	23~27
西陣	36	❻	6	201で堀川今出川❸	23
二条城	38	⓱❶	5~+5	3·203等で四条堀川(P28)継9·12·50等で二条城前❻	2~+5
東福寺・泉涌寺	40	❸	5	207で東福寺❸·泉涌寺道❶	27·28
三十三間堂	42	❶	5	207で東山七条❸	27
		❸	6	207で東山七条❺	27
		❸	8	206で博物館三十三間堂前❶·東山七条❺	27·29
清水寺・高台寺	44	❶	5	207で東山安井バス停·清水道❷·五条坂❹	17·20·21
祇園	46	❾❶	8	46で祇園❺	16
八坂神社		❶	3~	201·203(⓱からも)·207で祇園❹(207は❶)	16
知恩院	48	❶	6·6	201·203(⓱からも)で知恩院前バス停·東山三条❹	18·20
青蓮院		❾❶	8	46で知恩院前バス停·東山三条❹	18·20
平安神宮	50	❶	10	32で岡崎公園 ロームシアター京都·みやこめっせ前❹	23
		❾❶	8	46で岡崎公園 美術館·平安神宮前❶	24
南禅寺・永観堂	52		6~+5	四条河原町(P24)継5で南禅寺·永観堂道❷	13~+17
銀閣寺	54	❶	10·6	32で銀閣寺前❶·203(⓱からも)で銀閣寺道❹	33·37~
詩仙堂・曼殊院	56		4~+5	四条河原町(P24)継5で一乗寺下り松町❹	13~+31
上賀茂神社	58	❽	8	46で上賀茂神社前❶	35
大徳寺	60	❽	7	206で大徳寺前❶	25
北野天満宮	62	⓲❷	6	203で北野天満宮前❶	20·21
金閣寺	64	⓲❷	4~+4	3·203等で西大路四条(P83)継205(右回り、北行)で金閣寺道❸	6~+17
龍安寺	66	❻	15·15	52·55で立命館大学前❽(龍安寺へ徒歩11分)	25
妙心寺		⓲❷	10	91で妙心寺前❾	18·19
高雄	79	❹	30	8で高雄❸·栂ノ尾❻	44·46
龍安寺 仁和寺 高雄	66 79	❻	30	JRバス(立命館大経由)で龍安寺前❷·御室仁和寺❹·高雄❸·栂ノ尾❻	19·21·37·39
妙心寺・仁和寺	66	⓲❷	10	26で妙心寺北門前❼·御室仁和寺❹	22~26
広隆寺・映画村	68	⓲❷	10~	11、京都バス73·75·76で太秦広隆寺前❻	18~·17~
天龍寺	70	⓲❹	15	28で嵐山天龍寺前❷	30·31
		⓲❷	10~	11、京都バス73·76で嵐山天龍寺前❷(京都バスは嵐山❹)	30~·31~
嵯峨野	72	⓲❷	10	11で嵯峨小学校前❼	34·35
		⓲❹	15	28で嵯峨小学校前❼·嵯峨釈迦堂前❻·大覚寺❶	33~39
松尾大社	74	⓲❹	15~	28·29で松尾大社前❹(29は❷)	23·24
洛南方面	76·77			京都駅前(P18)乗換	

よみかた 後院(こういん) 嵐電(らんでん) 坊城(ぼうじょう) 醒ヶ井(さめがい) 猪熊(いのくま) 壬生川(みぶがわ) 椥神社(なぎじんじゃ)・隼神社(はやぶさじんじゃ) 屯所(とんしょ)

河原町三条
かわらまちさんじょう

❶〜❿河原町三条
❶河原町御池（京都バス）

あんじょうお行きやす　「高瀬川一之船入」「島津創業記念資料館」

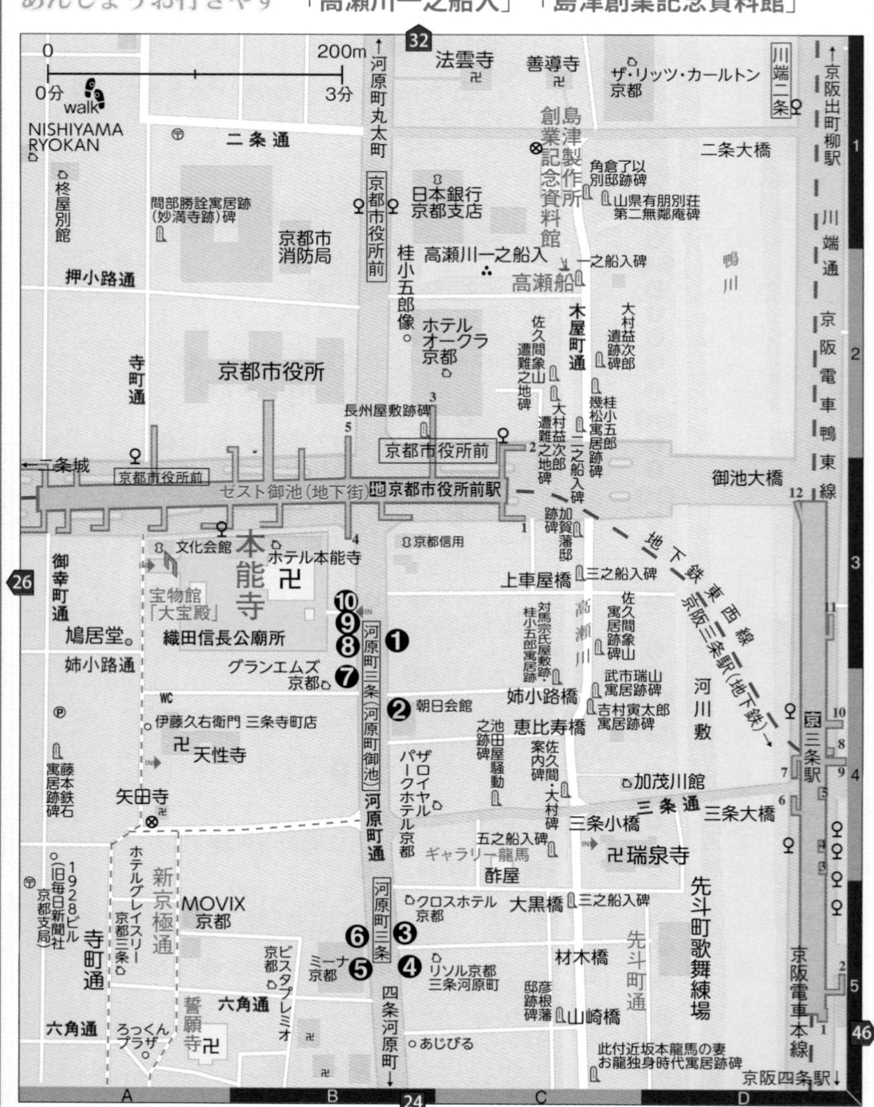

5系統は四条通・五条通経由に分かれ烏丸五条で合流。特記のない場合は両系統乗車可能。

目的地	参照頁	乗り場	待ち時分	アクセスと下車バス停 ※太字は1時間に4便以上(昼間)	乗車時分
京都駅	18	❷	10·6·4	4·特4·7·205で京都駅前市バス降り場	14〜16
		❸	5、15	5、105(土休日運行)、京都バス17で同上降り場	14〜
東本願寺	20	❸	5、15、15	5、105(土休日運行)、京都バス17·特17で烏丸七条❾(西本願寺は烏丸七条から徒歩11分)	14
西本願寺		❹	5+5	3·11·32で四条堀川(P28)継9·28で西本願寺前❶	13+4
京都水族館 東寺	22		15、5	徒歩8分の四条河原町(P24)から58(土休日運行)、207で七条大宮·京都水族館前バス停、梅小路公園·京都鉄道博物館前バス停(58のみ)、東寺東門前❷(207のみ)	20·23·25
四条烏丸	26·	❸	10	5(四条通経由)、京都バス17で四条高倉㉒·四条烏丸❹	7·9
四条大宮	28	❹	3〜	3·11·32で四条烏丸·四条大宮各バス停	9·15
壬生寺	28	❹	5·10	3·11で壬生寺道⓲	16
京都御所	32	❼	10·4	4·特4·205で府立医大病院前⓬	7
		❾	10·7	37·59で府立医大病院前⓬·烏丸今出川❸(59のみ)	7·13
		❽	5·10	3·7で府立医大病院前⓬	7
下鴨神社	34	❼	10·4	4·特4·205で下鴨神社前❷	15
西陣	36	❾	7	59で堀川今出川❹	17
二条城	38	❾	15	15で堀川御池❽	9
		地京都市役所前駅	4	地下鉄東西線〔下り〕二条行で二条城前駅·二条駅	4·6
東福寺	40		5	徒歩8分の四条河原町(P24)から207で東福寺❹	20
三十三間堂	42		5	上記四条河原町から207で東山七条❸	16
清水寺	44		5	四条河原町(P24)から207で清水道❷	9
祇園	46		2〜	四条河原町から46·201·203·207等で祇園バス停	4
知恩院	48	❻	5、15	5、105(土休日運行)で東山三条❶	8
青蓮院		地京都市役所前駅	4	地下鉄東西線〔上り〕で東山駅	3
平安神宮	50	❻	5、15、10	5、105(土休日運行)、32で岡崎公園 美術館·平安神宮前❷(32は岡崎公園 ロームシアター京都·みやこめっせ前❹)	12·9
南禅寺·永観堂	52	❻	5	5で南禅寺·永観堂道❷	15
		地京都市役所前駅	4	地下鉄東西線〔上り〕で蹴上駅	5
銀閣寺	54	❻	5	5で銀閣寺道❸	23
		❻	10、15	32、105(土休日運行)で銀閣寺前❶	19
		❽	10	7で銀閣寺道❺	19
詩仙堂·曼殊院	56	❻	5	5で一乗寺下り松町❹·一乗寺清水町❷	29·31
大原	80	❺	10	京都バス17·特17で大原❶	47·57
上賀茂	58	❾	10	37で上賀茂御薗橋❺	34
神社		❼	10	4·特4(左京区総合庁舎経由)で上賀茂神社前❶	36·40
大徳寺	60	❼	4	205で大徳寺前❷	29
北野天満宮	62	❾	10·8	10·51で北野天満宮前❷	25
		❾	15	15で北野白梅町❽	24
金閣寺	64	❾	7	59で金閣寺道❶	32
		❼	4	205で金閣寺道❷	35
龍安寺	66	❾	10	10で妙心寺北門前❼·御室仁和寺❹	31·35
仁和寺		❾	7	59で龍安寺前❷·御室仁和寺❹	38·42
妙心寺		❿	10	京都バス63·66で妙心寺前❾	23
広隆寺	68	❹	10	11で太秦広隆寺前❻	36
映画村		❿	30〜	京都バス63·66で太秦映画村前❸と上記❻	27·29
嵐山	70	❿	30〜	京都バス63·66で嵐山❹	39
		❹	10	11で嵐山天龍寺前❷	47
嵯峨野·大覚寺	72	❹	10	11で嵯峨小学校前❼	50
松尾大社	74	❹	5	3で松尾橋❻(松尾大社へ徒歩8分)	42
伏見稲荷	76	❷❸	4〜+30	京都駅前(P18)継南5で稲荷大社前❶	14〜+16
伏見桃山	77	❷❸	4〜+15〜	京都駅前継81·特81で京橋❸	14〜+33〜

よみかた 京阪電車鴨東線(けいはんでんしゃおうとうせん) 押小路(おしこうじ) 御幸町(ごこうまち) 三条小橋(さんじょうこばし) 角倉了以(すみのくらりょうい) 柊屋(ひいらぎや)

京都御所
きょうとごしょ

❶〜❻烏丸今出川（地下鉄今出川駅）
❼〜❿烏丸丸太町（地下鉄丸太町駅）
⓫⓬府立医大病院前

あんじょうお行きやす　「京都市歴史資料館」「梨木神社」「益富地学会館」

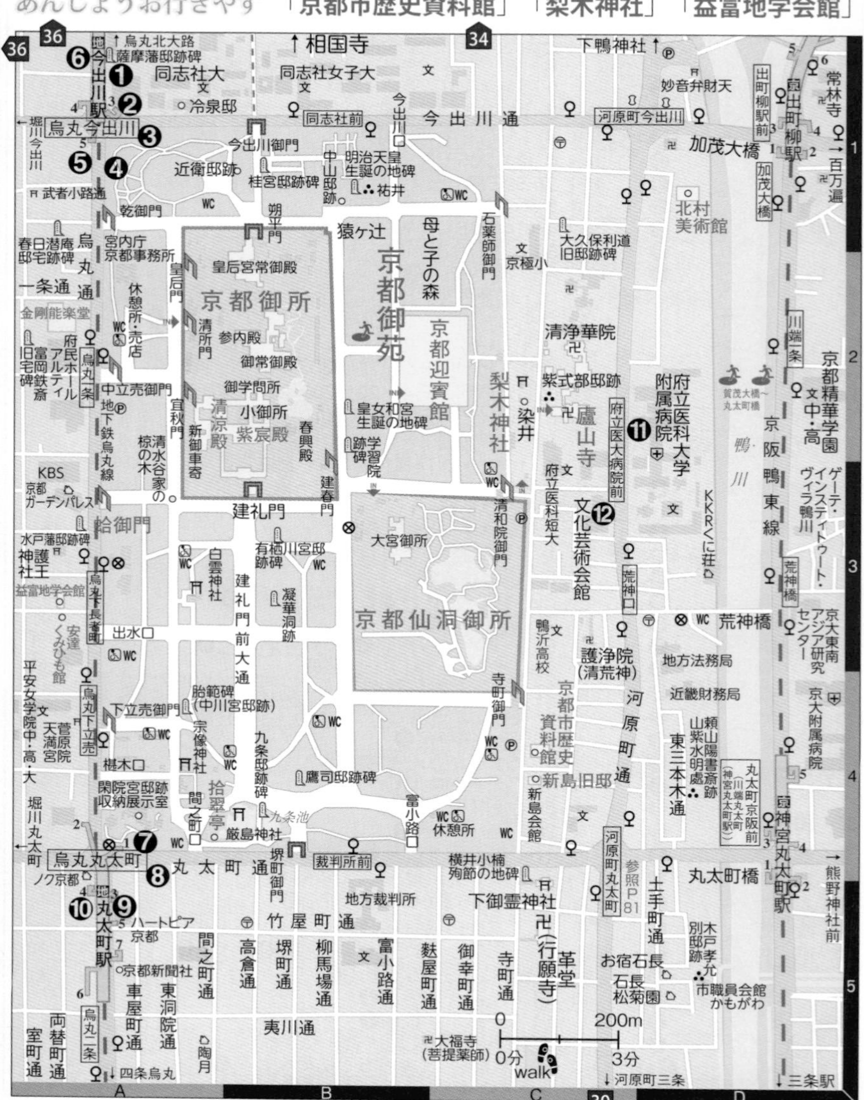

洛中
洛東
洛北
洛西
洛南

目的地	参照頁	乗り場	待ち時分	アクセスと下車バス停 ※太字は1時間に4便以上(昼間)	乗車時分
京都駅	18	⓫	4～	**4·特4·7·205**で京都駅前市バス降り場	24～
		地今出川駅	4	地下鉄烏丸線〔下り〕(丸太町駅からも)で京都駅	10·8
東本願寺 西本願寺	20	地今出川駅	4	地下鉄烏丸線〔下り〕(丸太町駅からも)で五条駅	7·5
		地今出川駅	4	京都駅(P24)継	10+6
京都鉄道博物館	22	地今出川駅	4	京都駅(P24)継	10+7～
東寺	22	❼❽	6	**202**で九条大宮❺(❽から**202**は九条大宮❻)	41·43
四条河原町 新京極	24	❷	7	**59**で四条河原町❶	16
		❹❾	30	51で四条河原町❶(烏丸一条バス停からも)	11～16
		❼	10	10で四条河原町❶	11
四条烏丸	26	⓫	5	**3**で四条高倉㉒·四条烏丸❻	13·16
		地今出川駅	4	地下鉄烏丸線〔下り〕(丸太町駅からも)で烏丸御池駅·四条駅	3·5
四条大宮 壬生寺	28	❸	6	**201**で四条大宮❶	28
		⓫	5	**3**で四条大宮❹·壬生寺道⓲	23·24
河原町三条 三条京阪	30	❷	7	**59**で河原町三条❶	13
		❹❾	30	51で河原町三条❸(烏丸一条バス停からも)	13·8
		❼	10	10で河原町三条❶·三条京阪前バス停	7·15
下鴨神社	34	❷	2～	**201·203·59**で河原町今出川·出町柳駅前バス停	3～6
		⓬	10·4	**4·特4·205**で下鴨神社前❷	9·8
西陣	36	❸	2～	**201·203·59**で堀川今出川❹	3～4
		❺❿	30	51で堀川今出川❹(烏丸一条バス停からも)	4·9
二条城	38	❽	2～	10·93·**202·204**·京都バス臨丸太町で堀川丸太町❷	4
		地今出川駅	4+4	地下鉄烏丸線〔下り〕(丸太町駅からも)で烏丸御池駅 継東西線〔下り〕で二条城前駅·二条駅	4+2·4
東福寺·泉涌寺	40	❼	6	**202**で泉涌寺道❷·東福寺❹	29·31
三十三間堂	42	❼	6	**202**で東山七条❸	26
清水寺	44	❼	6	**202**で清水道❷	20
祇園 八坂神社	46	❷	6	**201**で祇園❷	22
		❼	6	**202**で祇園❶	16
知恩院 青蓮院 平安神宮	48·50	❷	6	**201**で東山二条·岡崎公園口⓭·東山三条❷·知恩院前バス停	16·18·20
		❼	6	**202**で東山二条·岡崎公園口⓭·東山三条❷·知恩院前バス停	10·12·14
平安神宮 永観堂 南禅寺 銀閣寺	50·52·54	❼	10	93で岡崎道⓯(徒歩7分で平安神宮)、東天王町❻(永観堂へは徒歩8分)	10、12
		❷	6、15	203、102(土休日運行)で銀閣寺道❷(102は❷のみ)·東天王町❺	14·19
		❼	8	**204**で岡崎道⓯·東天王町❻·銀閣寺道❸	10·12·18
		⓬	6	**7**で銀閣寺道❺	12
		地今出川駅	4+4	地下鉄烏丸線〔下り〕(丸太町駅からも)で烏丸御池駅 継東西線〔上り〕で東山駅·蹴上駅	3+5·7
詩仙堂·曼殊院	56	❼	30	65で修学院駅前❽	32
岩倉 国際会館	78	地今出川駅	4	地下鉄烏丸線〔上り〕(丸太町駅からも)で国際会館駅	10
上賀茂神社	58	⓬	10·10	**37·4·特4**(左京区総合庁舎経由)で上賀茂御薗橋❺(市バス**4·特4**は上賀茂神社前❶)	27·(33～)
		❸	2+5	堀川今出川(P36)継市バス**9**で上賀茂御薗橋❺	4+13
大徳寺	60	⓬	5	**205**で大徳寺前❷	22
北野天満宮	62	❸	6	**203**、102(土休日運行)で北野天満宮前❷	11、12
		❺❿	30	51で北野天満宮前❷(烏丸一条バス停からも)	11·16
金閣寺	64	❸⓬	7	**59**で金閣寺道❶、102(❸からのみ、土休日運行)で金閣寺道❸	20、26
龍安寺 仁和寺 妙心寺	66	❸⓬	7	**59**で龍安寺前❷·御室仁和寺❹	26～36
		❽	10～	93、京都バス臨丸太町で妙心寺前❾	18
		❽	10	10で妙心寺北門前❼·御室仁和寺❹	23·27
広隆寺·映画村	68	❽	10～	93、京都バス臨丸太町で太秦映画村道❷(広隆寺へは徒歩12分)	21
嵐山 嵯峨野	70·72	❽	10	93で嵯峨小学校前❽·嵐山天龍寺前❶(土休日は❼·❷)	31·34
松尾大社	74	⓫	5	**3**で松尾橋❻(松尾大社へ徒歩8分)	45
伏見方面				京都駅前(P18)乗換	

よみかた 荒神口(こうじんぐち) 乾御門(いぬいごもん) 中立売(なかだちうり) 武者小路(むしゃのこうじ) 清所門(せいしょもん) 廬山寺(ろざんじ) 清浄華院(しょうじょうけいん) 新島(にいじま) 革堂(こうどう)

下鴨神社・出町柳

しもがもじんじゃ　でまちやなぎ

❶〜❷下鴨神社前
❸〜❼河原町今出川

あんじょうお行きやす、糺の森

原生樹林の植生を残す**糺の森**。奈良の小川や御手洗川が流れ、平安文学・詩歌管弦に多くみられる。

下鴨神社の境内には53棟の社殿が立ち並び、王朝絵巻さながらの**葵祭**（賀茂祭・5月15日）、**御手洗祭**（足つけ神事・7月28日〜31日）など、見応えのある祭事が催される。（参拝自由・大炊殿有料）

葵公園一帯は、8月16日20時からの、**五山送り火**の観賞の絶好ポイント。お盆にお迎えした先祖の霊を送るという意味を持ち、室町時代から始まったという。

「萩の寺」**常林寺**は初秋が見頃。勝海舟が京の宿坊としたという。（参拝自由）

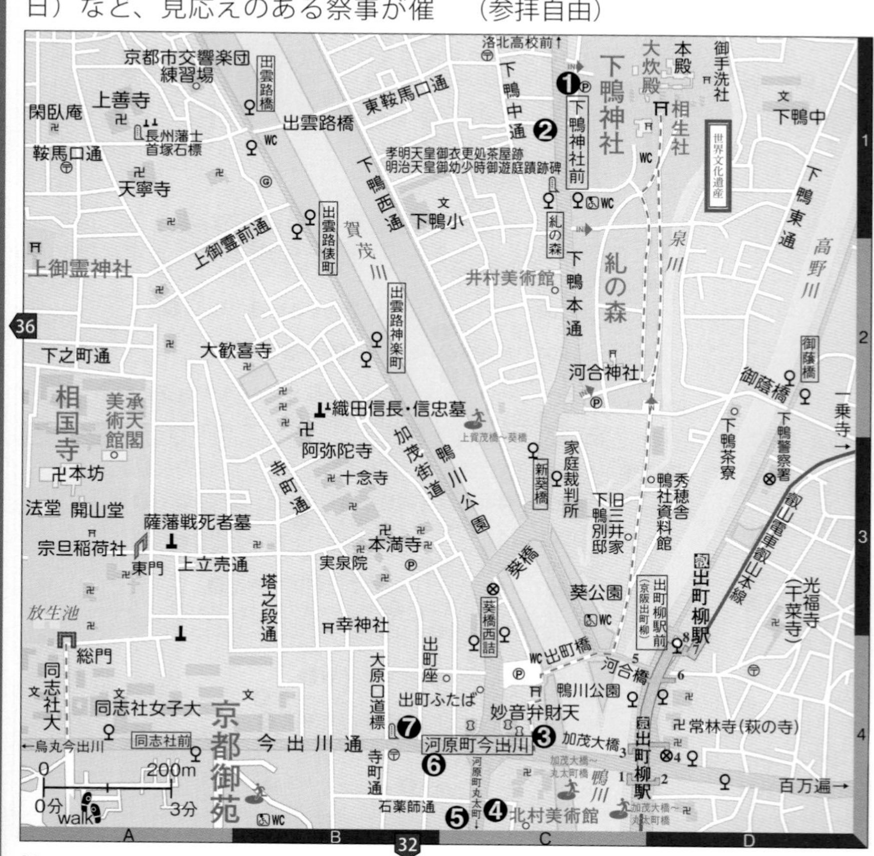

目的地	参照頁	乗り場	待ち時分	アクセスと下車バス停 ※太字は1時間に4便以上(昼間)	乗車時分
京都駅	18	❶❹	4·10	**205·4·特4**で京都駅前市バス降り場	25~32
西本願寺	20	❶❹	4~+5	京都駅前継**9·28**で西本願寺前❷	25~+6
京都水族館 京都鉄道博物館 東寺	22	❶❹	4~+15	四条河原町(P24)継**58**(土休日運行)で七条大宮·京都水族館前バス停、梅小路公園·京都鉄道博物館前バス停	12~+16、19
		❶❹	4~+5	四条河原町継**207**(左回り)で七条大宮·京都水族館前バス停、東寺東門前❷	12~+20、22
四条河原町	24	❶❹	4·10	**205·4·特4**で四条河原町❸(**4·特4**は❶)	12~19
四条高倉 四条烏丸	26	❹	5	**3**で四条高倉㉒·四条烏丸❼	18·20
		❶	4~+5~	河原町三条(P30)継**5·11**で四条烏丸各バス停	16~+9
四条大宮 壬生寺	28	❹	5	**3**で四条大宮❹·壬生寺道⓲	24·25
		❶	4~+5	**205·1**で河原町今出川(P34)継**3**で四条大宮❹·壬生寺道⓲	6+24·25
河原町三条	30	❶	4·10	**205·4·特4**で河原町三条❷(**205**は❸)	15·16
京都御所	32	❶	4·10	**205·4·特4**で府立医大病院前⓫	8·9
西陣	36	❻	2~	**201·203·59**で堀川今出川❹	8
		❶	4+2~	**205·1**で河原町今出川(P34)継**201·203·59**で堀川今出川❹	6+8
二条城	38	❻	6	**201**で二条駅前バス停(徒歩15分で二条城)	22
		❶❹	4+4	**205**で京都市役所前(P30)継地下鉄東西線(下り)で二条城前駅	7~+4
東福寺·泉涌寺	40	❶	4~+5	四条河原町(P24)継**207**等で泉涌寺道❷·東福寺❹	12~+18~
三十三間堂	42	❶	4~+5~	四条河原町継**207**、58(土休日運行)で東山七条❸	12~+14
清水寺	44	❶	4~+5~	四条河原町継**207**、58(土休日運行)で清水道❶	12~+8
知恩院·祇園	48·46	❼	6	**201**で東山三条❷·知恩院前バス停·祇園❷	13·15·17
平安神宮	50	❼	6	**201**で東山二条·岡崎公園口⓭	12
		❸	6	**203**で岡崎道⓰(徒歩7分で平安神宮)	19
南禅寺·永観堂	52	❸	6	**203**で東天王町❺	17
銀閣寺	54	❸	10·6、15	**7·203**、102(土休日運行)で銀閣寺道❺(102·**203**は❷)	10、11
詩仙堂·曼殊院	56	❸	6~+5	**7·203**で銀閣寺道(P54)継**5**で一乗寺下り松町❹·一乗寺清水町❷	10~+6·8
上賀茂神社	58	❷❺	10	**4·特4**(左京区総合庁舎経由)で上賀茂神社前❶	21~·27~
大徳寺	60	❷	4·8	**205·1**で大徳寺前❷	14
北野天満宮	62	❻	5、15	**203**、102(土休日運行)で北野天満宮前❷	15、16
金閣寺	64	❷	4	**205**で金閣寺道❷	21
龍安寺 仁和寺 妙心寺	66	❻	7	**59**で龍安寺前❷·御室仁和寺❹	29·33
		❷	4~+7	**205·1**で千本北大路(P60、P81)継**59**で龍安寺前❷·御室仁和寺❹	17+9·12
妙心寺		❷	4+10	北野白梅町(P62、P81)継**10**で妙心寺北門前❼	24+4
広隆寺 映画村	68	❶	4~+10~	**205·4·特4**で河原町丸太町(P32.P82)継93、京都バス臨丸太町で太秦映画村道❷	11~+28~
嵐山	70	❶	4~+10	**205·4·特4**で河原町丸太町継93で嵐山天龍寺前❶(土休日は❷)	11~+43
嵯峨野	72	❶	4~+10	**205·4·特4**で河原町丸太町継93で嵯峨小学校前❽(土休日は❼)	11~+40
松尾大社	74	❶	4+5	河原町今出川(P34)継**3**で松尾橋❻	7+46
伏見稲荷	76	❶	4~+30	**205·4·特4**で京都駅前(P18)継南5で稲荷大社前❶	32~+16
伏見桃山	77	❶	4~+15~	**205·4·特4**で京都駅前継81等で京橋❸	32~+33~

よみかた 糺ノ森(ただすのもり) 出雲路(いずもじ) 葵橋西詰(あおいばしにしづめ) 御蔭橋(みかげばし) 百万遍(ひゃくまんべん) 相国寺(しょうこくじ) 承天閣(じょうてんかく) 叡山(えいざん)

❸〜❼堀川今出川

あんじょうお行きやす　「西陣織会館」「京都市考古資料館」「晴明神社」

60
↑北大路堀川
北大路駅↑
鞍馬口駅
興聖寺
天神公園前
水火天満宮
妙覚寺
上御霊前通
西林寺（木槿地蔵）
畑かく
本法寺
茶道専門学校
→上御霊神社
慈照院
妙蓮寺
今日庵
裏千家
妙顕寺
茶道資料館
烏丸中学前
茶道会館
烏丸中
堀川寺ノ内
宝鏡寺（人形寺）
表千家
不審菴
西陣織工芸美術館
松翠閣
寺之内通
室町小
367
報恩寺（鳴虎）
河村能舞台
堀川上立売
ギルドハウス京菓子
（京菓子資料館）
瑞春院（雁の寺）
大宮通
上立売通
白峯神宮
三時知恩寺
同志社大学寒梅館
烏丸通
堀川通
同志社大学新町キャンパス
室町通
大聖寺
京都市考古資料館
京都市埋蔵文化財研究所
鶴屋吉信
❼
薩摩藩邸跡碑
今出川駅
同志社大学
河原町今出川→
❸
堀川今出川
今出川通
←千本今出川
今出川大宮
上京区総合庁舎
❹
京都ブチホテル
西陣織会館
❺
油小路通
新町通
❻
上京区総合庁舎前
烏丸今出川
元誓願寺通
東堀川通
武者小路千家官休庵
武者小路通
京都御苑
晴明神社
堀川
小川通
西洞院通
春日潜庵邸宅跡碑
地下鉄烏丸線
一条戻橋
一条戻り橋・晴明神社前
虎屋菓寮
とらや
黒田如水邸跡碑
聚楽城伝承地
一条通
楽美術館
上京税務署
上京中
冨岡鉄斎旧宅碑
休憩所
加藤清正邸跡
新町小
府民ホールアルティ
大宮中立売
中立売通
烏丸一条
黒門通
猪熊通
葭屋町通
堀川中立売
西陣産業創造会館
京都ブライトンホテル
0　200m
0分　3分
walk
堀川新文化ビルディング
↓二条城
上長者町通
KBS
↓四条烏丸
1 2 3 4 5
A B C D
34
32

目的地	参照頁	乗り場	待ち時分	アクセスと下車バス停　※太字は1時間に4便以上（昼間）	乗車時分
京都駅	18	❺	5	9で京都駅前市バス降り場	27
西本願寺	20	❺	5	9で西本願寺前❶	19
京都水族館 東寺	22	❺	5～+5、15	12で四条烏丸（P26）㊄207、58（土休日運行）で七条大宮・京都水族館前バス停、梅小路公園・京都鉄道博物館前バス停（58のみ）、東寺東門前❷（207のみ）	19+13～、16～、15
四条河原町 新京極	24	❺	8	12で四条河原町❾	25
		❸	30･7	51･59で四条河原町❶	20
四条高倉 四条烏丸	26	❺	8	12で四条烏丸❾・四条高倉㉑	19･22
四条大宮 壬生寺	28	❹	6	203で壬生寺道⓱	26
		❹	6	201で四条大宮❶	24
河原町三条	30	❸	30･7	51･59で河原町三条❶（市バス51は❸）	17
京都御所	32	❸	30	51で烏丸今出川❹	4
		❸	4～	59･201･203、102（土休日運行）で烏丸今出川❷、府立医大病院前⓫（市バス59のみ）	4、9
下鴨神社	34	❸	6･6、15	201･203、102（土休日運行）で河原町今出川❼（102･203は❸）・出町柳駅前バス停	8･10
		❸	7	59で河原町今出川❹	8
二条城	38	❺	5･8	9･12で二条城前❺	8
東福寺・泉涌寺	40	❸❺	8～+5	四条河原町（P24）㊄207で泉涌寺道❷・東福寺❹	20～+18～
三十三間堂	42	❸❺	8～+5～	四条河原町㊄207、58（土休日）で東山七条❸	20～+14
清水寺	44	❸❺	8～+5～	四条河原町㊄207、58（土休日運行）で清水道❶	20～+9
祇園	46	❸	6	201で祇園❷	26
青蓮院・知恩院	48	❸	6	201で東山三条❷・知恩院前バス停	22･24
平安神宮	50	❸	6	201で東山二条・岡崎公園口⓭	20
南禅寺・永観堂	52	❸	6	203で東天王町❺	23
銀閣寺	54	❸	6、15	203、102（土休日運行）で銀閣寺道❷	18、19
詩仙堂・曼殊院	56	❸	6～+5	銀閣寺道❷（P54）㊄5で一乗寺下り松町❹・一乗寺清水町❷	18～+6･8
上賀茂神社	58	❼	5	9で上賀茂御薗橋❺	13
大徳寺	60	❼	8	12で大徳寺前❷	6
北野天満宮	62	❹	30･6～	51･203、102（土休日運行）で北野天満宮前❷	6～7
金閣寺	64	❼	8	12で金閣寺道❶	12
		❹	7、15	59、102（土休日運行）で金閣寺道❶（102は❸）	15、17
龍安寺・仁和寺	66	❹	7	59で龍安寺前❷・御室仁和寺❹	21･25
妙心寺		❹	3～+10	201･203･59等で千本今出川（P62.P81）㊄10で妙心寺北門前❼	3～+9
東映太秦映画村・広隆寺	68	❹	6+5～	203で西ノ京円町（巻頭路線図B.P82）㊄91･93、京都バス63･66で太秦映画村道❷（京都バス63･66は太秦映画村前❸・太秦広隆寺前❻）	13+9、10～
嵐山	70	❹	6+10	203で西ノ京円町（P82）㊄93で嵐山天龍寺前❶（土休日は❷）	13+24
嵯峨野	72	❹	6+10	西ノ京円町㊄91で嵯峨釈迦堂前❻・大覚寺❶	13～+22～
松尾大社	74	❺	5+10～	9で四条堀川（P28）㊄28･29で松尾大社前❹・❷	15+27
伏見稲荷	76	❺	5～+30	京都駅前（P18）㊄南5で稲荷大社前❶	27+16
伏見桃山	77	❺	5～+15～	京都駅前㊄81･特81で京橋❸	27+33～

よみかた　元誓願寺（もとせいがんじ）　葭屋町通（よしやまちどおり）　上御霊前（かみごりょうまえ）　晴明（せいめい）　白峯（しらみね）　宝鏡寺（ほうきょうじ）　瑞春院（ずいしゅんいん）　樂美術館（らくびじゅつかん）

二条城
にじょうじょう

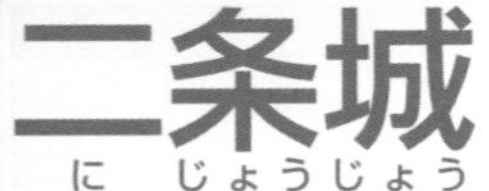

❶〜❹堀川丸太町
❺❻二条城前
❼❽⓫⓬堀川御池

あんじょうお行きやす、えほうさん

神泉苑(しんせんえん)は平安京の庭園の遺構。桓武天皇以来、花見や船遊び、詩歌管弦などの遊宴が催された。「**御池通**(おいけ)」の由来でもある。空海が雨乞い祈祷をした霊地でもあり、御霊会(ごりょうえ)（祇園祭の起源）の修法道場でもあった。また義経と静御前出会いの場所と伝えられる。後白河法皇は静の舞を「日本一」と讃えたという。

苑内にある**恵方社**(えほうしゃ)は方位神のひとつ、歳徳神(としとくじん)を祀る。小祠(しょうし)の社殿は風水にのっとり、その年の恵方の方角に向きを変える。（境内自由）

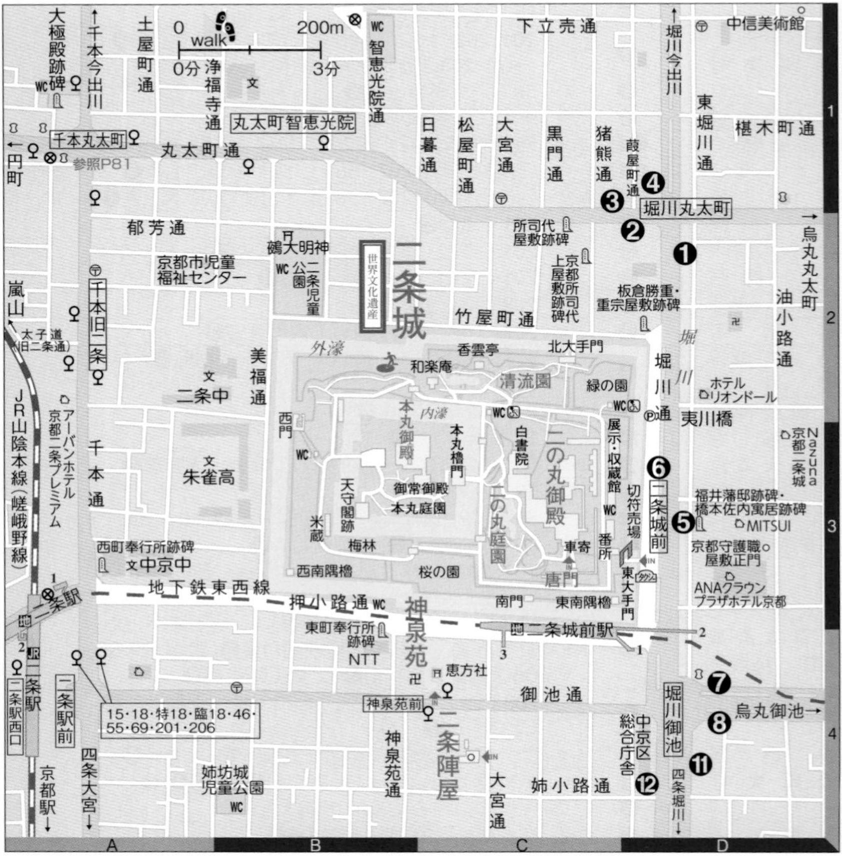

目的地	頁	乗り場	待ち時分	アクセスと下車バス停 ※太字は1時間に4便以上(昼間)	乗車時分
京都駅	18	❺	5·8	**9·50**で京都駅前市バス降り場	18·19
西本願寺	20	❺	5	**9**で西本願寺前❶	11
東本願寺				西本願寺から徒歩8分で東本願寺	
京都水族館 東寺	22	❺	3~+5	**9·12·50**で四条堀川(P28)(継)**207**で七条大宮·京都水族館前バス停、東寺東門前❷	6～+9、12
四条河原町	24	❺	8	**12**で四条河原町❾	17
四条烏丸	26	❺	8	**12**で四条烏丸❾	11
四条大宮 壬生寺	28	❺	3~+3~	四条堀川(P28)(継)**203·3·11·26·91·28·29**で四条大宮各バス停·壬生寺道⓲	6～+2～
河原町三条	30	❼	15~	15、京都バス62·63·67·68で河原町三条(河原町御池)❶	9
		地二条城前駅	4	地下鉄東西線〔上り〕で京都市役所前駅·三条京阪駅	4·5
京都御所	32	❸	4~	10·93·**202·204**で烏丸丸太町❼	4
		地二条城前駅	4+4	地下鉄東西線〔上り〕で烏丸御池駅(P26)(継)烏丸線〔上り〕で丸太町駅·今出川駅	2+2·4
下鴨神社	34	❻	5+4~	**9**で北大路堀川(P60)(継)**205**·1で下鴨神社前❶	15+12
西陣	36	❻	5~	**9·12**で堀川今出川❼	9
東福寺·泉涌寺	40	❸	6	**202**で泉涌寺道❷·東福寺❹	32·34
三十三間堂	42	❸	6	**202**で東山七条❸	30
清水寺	44	❸	6	**202**で清水道❷	24
祇園	46	❸	6	**202**で祇園❶	20
青蓮院·知恩院	48	❸	6	**202**で東山三条❷·知恩院前バス停	16·18
平安神宮	50	❸	8·10	**204**·93で岡崎道⓯	14
		❸	6	**202**で東山二条·岡崎公園口⓭	14
		地二条城前駅	4	地下鉄東西線〔上り〕で東山駅	7
南禅寺 永観堂	52	❸	8·10	**204**·93で東天王町❻	16
		地二条城前駅	4	地下鉄東西線〔上り〕で蹴上駅	9
銀閣寺	54	❸	8	**204**で銀閣寺道❸	22
詩仙堂· 曼殊院	56	❸	8+5	**204**で銀閣寺道❸(P54)(継)同バス停から**5**で一乗寺下り松町❹·一乗寺清水町❷	22+6·8
大原	80	地二条城前駅	4+4	地下鉄東西線〔上り〕で烏丸御池駅(P26)(継)烏丸線〔上り〕で国際会館駅(継)京都バス19·特17で大原❶	2+14+22
上賀茂神社	58	❻	5	**9**で上賀茂御薗橋❺	23
大徳寺	60	❻	8	**12**で大徳寺前❷	16
北野天満宮	62	❻	8	**50**で北野天満宮前❷	15
金閣寺	64	❻	8	**12**で金閣寺道❶	22
龍安寺	66	❻	8+7	**50**で立命館大学前(P64)(継)**59**で龍安寺前❷	23+2
				立命館大学前バス停から徒歩11分	
仁和寺 妙心寺		❷	10~	93、京都バス臨丸太町で妙心寺前❾	14
		❷	10	10で妙心寺北門前❼·御室仁和寺❹	19·23
広隆寺 東映太秦映画村	68	❷	10~	93、京都バス臨丸太町で太秦映画村道(常盤仲之町)❷	18
		❺	5~+10	**9·12·50**で四条堀川(P28)(継)**11**で太秦広隆寺前❻	6～+23
		❽	30~	京都バス63·66で太秦映画村前❸·太秦広隆寺前❻	19·21
嵐山	70	❷	10	93で嵐山天龍寺前❶(土休日は❷)	33
		❽	30~	京都バス63·66で嵐山❹	32
嵯峨野 大覚寺	72	❷	10	93で嵯峨小学校前❽(土休日は❼)(嵯峨釈迦堂徒歩5分·大覚寺徒歩15分)	30
松尾大社	74	❺	5~+10~	四条堀川(P28)(継)28·29で松尾大社前❹·❷	6～+26
伏見稲荷	76	❺	5~+30	京都駅前(P18)(継)南5で稲荷大社前❶	18～+16
伏見桃山	77	❺	5~+15~	京都駅前(継)市バス81·特81で京橋❸	17～+33～

よみかた 智恵光院(ちえこういん) 美福(びふく) 夷川(えびすがわ) 椹木町通(さわらぎちょうどおり) 朱雀(すざく) 車寄(くるまよせ) 隅櫓(すみやぐら) 白書院(しろしょいん)

東福寺・泉涌寺

とうふくじ　せんにゅうじ

❶❷泉涌寺道
❸❹東福寺

あんじょうお行きやす、紅葉めぐり

東福寺には、国宝の三門はじめ鎌倉・室町期の禅宗建築様式がそのままに残る。**臥雲橋**は無料で楽しめる紅葉の絶景。（境内自由・通天橋、方丈入場有料）

今熊野観音寺は西国三十三ヶ所観音霊場の第十五番。（参拝自由）

目的地	参照頁	乗り場	待ち時分	アクセスと下車バス停 ※太字は1時間に4便以上(昼間)	乗車時分
京都駅	18	❶❸	10、15	208、88(土休日運行)で京都駅前市バス降り場	14·15
		❷❹	15·15	58·88(土休日運行)で京都駅八条口アバンティ前	6·8
東本願寺	20	❶❸	10	208で烏丸七条⓫	10·11
西本願寺		❷❹	5	**207**で島原口⓯	18·20
京都水族館 東寺	22	❷❹	6·10	**202·208**で九条大宮❺	10～·12～
		❷❹	5	**207**で東寺東門前❸、七条大宮·京都水族館前バス停	14～·16～
四条河原町	24	❶❸	5、15	**207**、58(土休日運行)で四条河原町❻	18·19
四条烏丸	26	❶❸	5、15	**207**、58(同上)で四条高倉㉒·四条烏丸❻(58は❹)	22～·25～
四条大宮	28	❷❹	5	**207**で四条大宮❶	24～·26～
河原町三条	30			四条河原町から徒歩8分	
京都御所	32	❶❸	6	**202**で烏丸丸太町❽	28·29
下鴨神社	34	❶❸	5+4～	四条河原町(P24)継**205·4·特4**で下鴨神社前❷	18～+17～
西陣	36	❷❹	5+5	**207**で四条堀川(P28)継**9**で堀川今出川❼	27～+14
二条城	38	❶❸	6	**202**で堀川丸太町❷	33·34
三十三間堂	42	❶❸	6·5～	**202·207**、58(土休日運行)で東山七条❺	3·4
		❶❸	10、15	208、88(土休日運行)で博物館三十三間堂前❷	3·4
清水寺	44	❶❸	6·5～	**202·207**、58(土休日運行)で五条坂❼	7·8
高台寺	46	❶❸	6·5～	**202·207**、58(同上)で東山安井バス停	11·12
祇園		❶❸	6·5～	**202·207**、58(同上)で祇園❺(市バス**207**·58は❷)	13·14
知恩院·東山三条	48	❶❸	6	**202**で知恩院前バス停·東山三条❹	15～
平安神宮	50	❶❸	6	**202**で東山二条·岡崎公園口⓮	19·20
南禅寺·永観堂 銀閣寺	52 54	❶❸	6+5、15	東山三条(P48)継**5**で南禅寺·永観堂道❷、銀閣寺道❸、105(土休日運行)で銀閣寺前❶	17～+7、15
詩仙堂· 曼殊院	56	❶❸	6+5	東山三条(P48)継**5**で一乗寺下り松町❹·一乗寺清水町❷	17～+21·23
上賀茂神社	58	❷❹	5+5	**207**で四条堀川(P28)継**9**で上賀茂御薗橋❺	26～+27
大徳寺	60	❷❹	5+4	**207**で七条大宮·京都水族館前(P22.P83)継**206·205**で大徳寺前❷	14～+33
北野天満宮	62	❷❹	6+6	**202**で西大路四条(P83)継**203**で北野天満宮前❶	32～+14
金閣寺	64	❷❹	5+4	**207**で七条大宮·京都水族館前(P22·P83)継**205**で金閣寺道❸	14～+33～
龍安寺	66	❶❸	5+7	四条河原町(P24)継**59**で龍安寺前❷	18～+49～
妙心寺 仁和寺		❷❹	6+10	**202**で西大路四条(巻頭路線図E.P83)継**26**で妙心寺北門前❼·御室仁和寺❹	32～+17·21
妙心寺		❷❹	6+10	西大路四条(P83)継91で妙心寺前❾	32～+13
映画村	68	❷❹	6+10	西大路四条継11で太秦広隆寺前❻	32～+15
嵐山	70	❷❹	6+10～	西大路四条継11·28で嵐山天龍寺前❷	32～+24～
嵯峨野	72	❷❹	6+10～	西大路四条継11·28で嵯峨小学校前❼	32～+26～
大覚寺		❷❹	6+10～	西大路四条継91·28で大覚寺❶	32～+34～
松尾大社	74	❷❹	6+15～	西大路四条継28·29で松尾大社前❹·❷	32～+18
伏見稲荷	76	❶❸	10+30	京都駅前(P18)継南5で稲荷大社前❶	14～+16
伏見桃山	77	❷❹	3～+15～	**207·202·208**で地下鉄九条駅前(大石橋)(巻頭路線図E.P83)継81·特81で京橋❸	4～+25～

よみかた 新熊野神社(いまくまのじんじゃ) 東大路(ひがしおおじ) 日下門(にっかもん) 東司(とうす) 青窯会(せいようかい) 臥雲橋(がうんきょう) 偃月橋(せんげつきょう) 芬陀院(ふんだいん) 月輪陵(つきのわりょう)

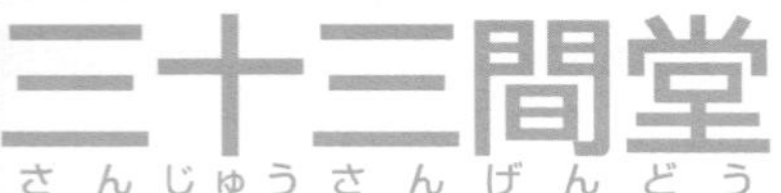

❶❷博物館三十三間堂前
❸〜❺東山七条

あんじょうお行きやす、**太閤さん**

豊臣秀吉を祀る**豊国**（とよくに）**神社**は、1880年（明治13）の再建で、唐門（からもん）は、伏見城の城門を移築した国宝。**方広寺**の鐘は「家康の名を二分して国安らかに、豊臣を君として子孫繁栄を楽しむ」と、大坂冬の陣の原因となった。近くには朝鮮出兵の**耳塚**もある。

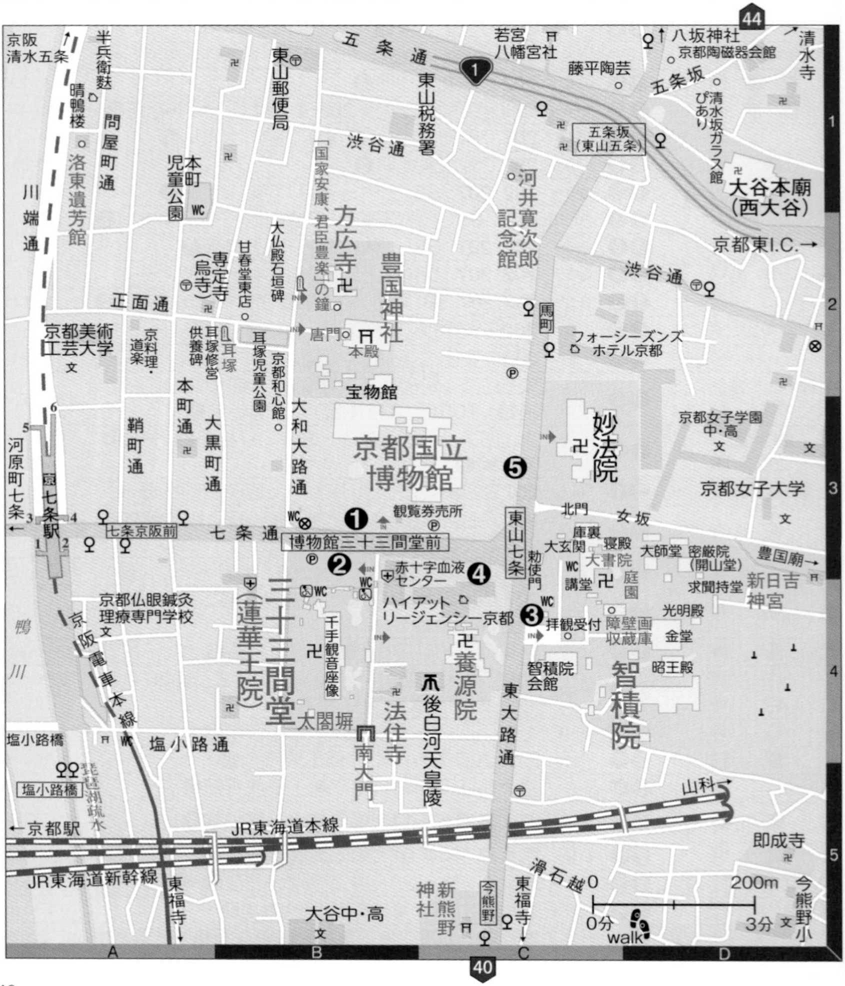

目的地	参照頁	乗り場	待ち時分	アクセスと下車バス停 ※太字は1時間に4便以上(昼間)	乗車時分
京都駅 東本願寺	18	❷❹	4~	**206**·208·86、88(土休日運行)で烏丸七条⓫·京都駅前市バス降り場	6~14
西本願寺		❷❹	4·10	**206**·208で七条堀川❺	15~18
京都水族館 鉄道博物館 東寺	22	❷❹	4~	**206**·208·86で七条大宮·京都水族館前バス停、梅小路公園·JR梅小路京都西駅前バス停(208のみ)、梅小路公園·京都鉄道博物館前バス停(86のみ)	19~24
		❶❸	10·6	208·**202**(❸のみ)で九条大宮❺(東寺)	19·17
		❸	5	**207**で東寺東門前❸·七条大宮·京都水族館前バス停	22·24
四条河原町	24	❺	5、15	**207**、58(土休日運行)で四条河原町❻ ＊河原町三条は、北へ徒歩7分	15
四条烏丸	26	❺	5、15	**207**、58(同上)で四条高倉㉒·四条烏丸❻(58は❹)	19·21
四条大宮 壬生寺	28	❷❹	4	**206**で四条大宮❽	29·30
		❸	5	**207**で四条大宮❶	26
京都御所	32	❺	6	**202**で烏丸丸太町❽	26
下鴨神社	34	❷❹	4~+4	**206**·208で七条河原町(巻頭路線図)継**205**で下鴨神社前❷	5~+26
西陣	36	❶❺	5~+2~	祇園(P46)継**201**·**12**·**203**で堀川今出川各バス停	11~+25~
二条城	38	❷	4~+4~	京都駅前継**9**·**50**·**12**で二条城前❻	11~+17~
東福寺·泉涌寺	40	❸	2~	**202**·**207**·208、58(土休日運行)で泉涌寺道❷·東福寺❹	2·4
清水寺	44	❶❺	5~	**206**·86·106、京都バス臨東山で五条坂❼	6·4
		❺	6·5	**202**·**207**、58(土休日運行)で五条坂❼	4
祇園 八坂神社	46	❶❺	4~	**206**·86·106、京都バス臨東山で祇園❺	9~12
		❺	5~、15	**202**·**207**、58(土休日運行)で祇園❺(市バス**207**·58は❷)	10
知恩院 青蓮院	48	❶❺	4~	**206**·86·106、京都バス臨東山、**202**(❺のみ)で知恩院前バス停·東山三条❹(106は東山三条❼)	12~16
平安神宮	50	❶❺	4~	**206**、京都バス臨東山、**202**(❺のみ)で東山二条·岡崎公園口⓮	18·16
		❶❺	15	86で岡崎公園 美術館·平安神宮前❶	23·21
南禅寺·永観堂 銀閣寺	52	❶❺	4~+5。15	東山三条(P48)継**5**で南禅寺·永観堂道❷、銀閣寺道❸。同105(土休日運行)で東天王町❹·銀閣寺前❶	12~+8、13。10·16
詩仙堂·曼殊院	56	❶❺	4~+5	東山三条(P48)継**5**で一乗寺下り松町❹·一乗寺清水町❷	12~+20·22
大徳寺	60	❶❺	4	**206**で大徳寺前❷	52·50
		❷❹	4	**206**で大徳寺前❶	52·54
北野天満宮	62	❷❹	4+5~	**206**で千本今出川(P62.P81)継**203**·**50**·10·55、102(土休日運行)で北野天満宮前❷	41~+2~
金閣寺	64	❷❹	4~+4	**206**·208·86で七条大宮·京都水族館前(P22.P82)継**205**で金閣寺道❸	18~+32
龍安寺 仁和寺	66	❷❹	4+7	**206**で千本今出川(P62.P81)継**59**で龍安寺前❷·御室仁和寺❹	41~+16·20
妙心寺 仁和寺		❷❹	4+10	**206**で四条大宮(P28)継26で妙心寺北門前❼·御室仁和寺❹	27~+24·27
広隆寺·映画村	68	❷❹	4+10	**206**で四条大宮継11で太秦広隆寺前❻	27~+21
嵐山	70	❷❹	4+10~	**206**で四条大宮継11·28で嵐山天龍寺前❷	27~+31
大覚寺	72	❷❹	4+10~	**206**で四条大宮継91·28で大覚寺❶	27~+40~
松尾大社	74	❷❹	4+15~	**206**で四条大宮継28·29で 松尾大社前❹·❷	27~+24
伏見稲荷	76	❷❹	4~+30	京都駅前(P18)継**南5**等で稲荷大社前❶	11~+16
伏見桃山	77	❸	4~+15~	**202**·**208**·**207**で地下鉄九条駅前(大石橋)(巻頭路線図E.P83)継81·特81で京橋❸	7~+25~

よみかた 千手観音(せんじゅかんのん) 女坂(おんなざか) 渋谷通(しぶたにどおり) 大和大路(やまとおおじ) 豊国神社(とよくにじんじゃ) 智積院(ちしゃくいん) 新日吉神宮(いまひえじんぐう)

清水寺
きよみずでら

❶～❸❽清水道
❹❼五条坂

あんじょうお行きやす、京の坂道

石畳の坂道、**産寧坂**の名前は、清水寺の南にある子安の塔（泰産寺・安産の御利益）へ続く坂道で、「産む」に「寧く」という意味がある。途中、見え隠れする**八坂の塔**は聖徳太子による建立にはじまるという。（産寧坂伝統的建造物群保存地区）

安井金比羅宮の境内には縁切り縁結び碑があり、主祭神は崇徳天皇。（参拝自由）

六波羅蜜寺は空也上人ゆかりの寺。悪疫退散のため、上人自ら御仏を車に安置して市中を曳き回った。（参拝自由・令和館有料）

六波羅一帯は、かつて平家一門の館が立ち並び、鎌倉時代には六波羅探題が置かれていた。

目的地	参照頁	乗り場	待ち時分	アクセスと下車バス停 ※太字は1時間に4便以上(昼間)	乗車時分
京都駅	18	❶❹	5·15~	**206**·86·106で京都駅前市バス降り場	16~
		❾❻	7·7	EX100·EX101(❻のみ)(土休日運行)で京都駅前	15·10
東・西本願寺	20	❶❹	5	**206**で烏丸七条⓫·七条堀川❺	11~·23~
京都水族館	22	❶❹	15·5	86·**206**で七条大宮·京都水族館前(**206**はこのバス停のみ)、梅小路公園·京都博物館前バス停	25~、30~
東寺		❶❹	5·6	**207**·**202**で九条大宮❼(市バス**202**は九条大宮❺のみ)·東寺東門前❸	21~28
四条河原町	24	❸❼	5·10~	**207**·80、58(土休日運行)で四条河原町❻(80は❸)	9~11
四条烏丸	26	❸❼	5、15	**207**、58(土休日運行)で四条高倉㉒·四条烏丸❻(58は❹)	13~·16~
四条大宮·壬生寺	28	❸❼	5	**207**で四条大宮❸	22·23
河原町三条	30			四条河原町(P24)から北へ徒歩7分	
京都御所	32	❽❼	6	**202**で烏丸丸太町❽	21·22
下鴨神社	34	❸❼	5~+4~	四条河原町(P24)継**205·4·特4**で下鴨神社前❷	10~+17
		❽❼	6+4~	**202**で河原町丸太町(P32.P82)継**205·4·特4**で下鴨神社前❷	17~+11
西陣	36	❸❽❼	6~+6~	祇園(P46)継**201·12**で堀川今出川各バス停	4~+25~
二条城	38	❽❼	6	**202**で堀川丸太町❷	25·26
東福寺	40	❶❹	5·6~	**207·202**、58(土休日運行)で泉涌寺道❷·東福寺❹	7~11
三十三間堂	42	❶❹	5·15~	**206**·86·106で博物館三十三間堂前❷	7~·5~
		❶❹	5·6~	**207·202**、58(土休日運行)で東山七条❸	5·4
祇園 八坂神社	46	❼	7	EX100(土休日運行)で祇園❺	3
		❸❼	15·5	80·**207**で祇園❷	5·6
		❽❼	6·5·15	**202·206**·86·106、京都バス臨東山で祇園❺	4~6
知恩院·青蓮院 東山三条	48	❽❼	6·5·15	**202·206**·86·106、京都バス臨東山で知恩院前バス停、東山三条❹(106は❼)	7~10
平安神宮	50	❼	7	EX100(土休日)で岡崎公園 美術館·平安神宮前❷	8
		❽❼	6·5。15	**202·206**、京都バス臨東山で東山二条·岡崎公園口⓮。86で岡崎公園 美術館·平安神宮前❶	11。16
南禅寺 永観堂 銀閣寺	52 54	❼	7	EX100(土休日運行)で銀閣寺前❶	14
		❽❼	6+5。15	東山三条(P48)継**5**で南禅寺·永観堂道❷、銀閣寺道❸。105(土休日運行)で東天王町❹·銀閣寺前❶	7~+8、13。7~+10·16
		❽❼	6~+4	東山三条(P48)継東山駅から地下鉄東西線〔上り〕蹴上駅(南禅寺最寄り)	7~+2
詩仙堂·曼殊院	56	❽❼	6~+5	東山三条(P48)継**5**で一乗寺下り松町❹·一乗寺清水町❷	7~+21·23
大徳寺	60	❽❼	5	**206**で大徳寺前❷	45·46
北野天満宮	62	❽❼	5~+6~	**206**、京都バス臨東山で百万遍(P6.P82)継**203**、102(土休日運行)で北野天満宮前❷	19~+20
金閣寺	64	❽❼	4~+6	**202·206**、京都バス臨東山で熊野神社前(P50)継**204**で金閣寺道❸	13~+30
龍安寺	66	❽❼	6+7	**202**で河原町丸太町(P82)継**59**で龍安寺前❷	17~+34
仁和寺		❽❼	6+7~	**202**で河原町丸太町(P32.P82)継**10·59**で御室仁和寺❹	17~+32·38
妙心寺		❽❼	6~+10	熊野神社前(P50)継93で妙心寺前❾	13~+25
東映太秦映画村	68	❽❼	6~+10	熊野神社前継93で太秦映画村道❷	13~+30
広隆寺·映画村		❸❼	5~+10	四条河原町(P24)継11で太秦広隆寺前❻	10~+33
嵐山	70	❸❼	5~+10	四条河原町継11で嵐山天龍寺前❷	10~+44
大覚寺	72	❸❼	5+10	**207**で四条烏丸(P26)継91で大覚寺❶	16~+46
松尾大社	74	❸❼	5+20	四条烏丸継29で松尾大社前❷	16~+30
伏見稲荷	76	❶❹	4~+30	京都駅前(P18)継**南5**で稲荷大社前❶	15~+16
伏見桃山	77	❶❹	5~+15~	**207·202**で地下鉄九条駅前(大石橋)(巻頭路線図E.P83)継**81·特81**で京橋❸	11~+25~

よみかた 音羽の滝(おとわのたき) 錦雲渓(きんうんけい) 時雨亭(しぐれてい) 霊屋(おたまや) 六道珍皇寺(ろくどうちんこうじ) 霊山(りょうぜん) 建仁寺(けんにんじ) 金毘羅(こんぴら)

祇園・八坂神社

ぎおん　やさかじんじゃ

❶〜❸❺祇園

あんじょうお行きやす、ぎをんさん

7月の**祇園祭**で有名な**八坂神社**。ハイライトは16日「**宵山**」と17日「**山鉾巡行**」であるが、「後の祭り」とはこれに由来するらしい。厄除け、商売の神として京都の人に親しまれている。（参拝自由）大晦日の夜、四条通は「**をけら参り**」の参拝客で賑わう。吉兆縄に移された「をけら火」を、クルクル回しながら持ち帰るのだ。

辰己大明神と白川に架かる**新橋・巽橋**あたりは、昔ながらのお茶屋や料亭が軒を連ね、花街情緒が満喫できる。黄昏時にはお座敷に急ぐ舞妓さんや芸妓さんを見かけることができる。（祇園新橋伝統的建造物群保存地区）

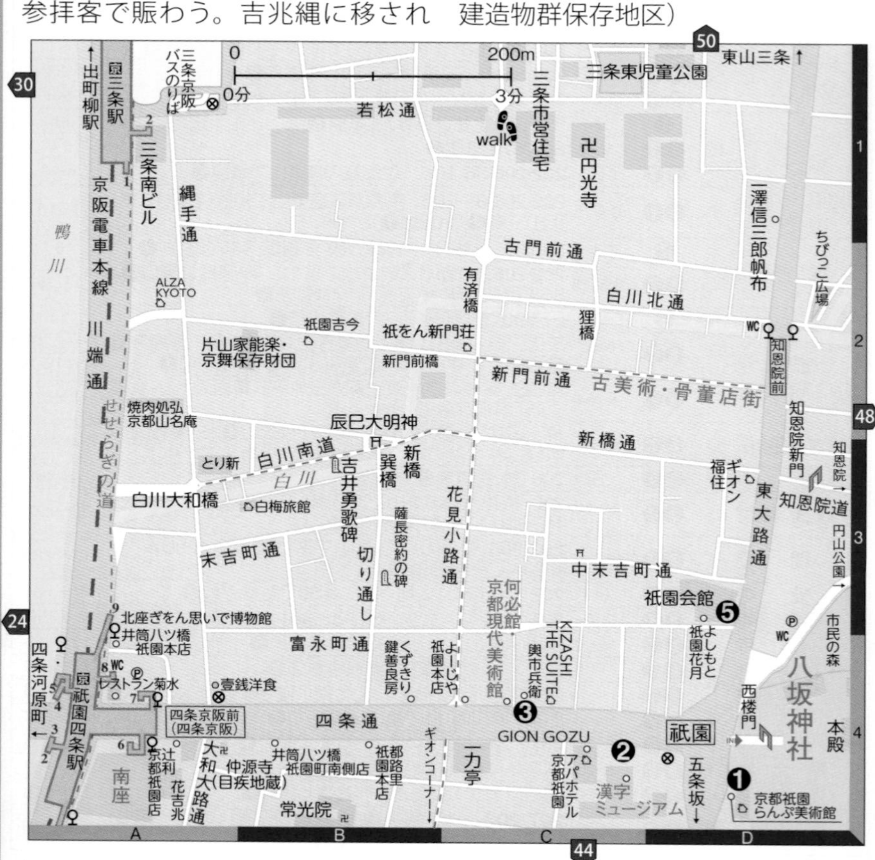

目的地	参照頁	乗り場	待ち時分	アクセスと下車バス停 ※太字は1時間に4便以上(昼間)	乗車時分
京都駅 京都水族館	18	❶	7･4･15	EX100(土休日運行)、**206･86･106**で京都駅前(86は、梅小路公園･京都鉄道博物館前バス停も)	15、18〜･(29〜)
東・西本願寺	20	❶	5	**206**で烏丸七条⓫･七条堀川❺	17･29
東寺	22	❶	5	**207**で東寺東門前❸	25
		❶	6	**202**で九条大宮❺	24
四条河原町	24	❷	2〜	**12･31･46**、58(土休日運行)、80･**201･203･207**、京阪バスで四条河原町各バス停	4
四条高倉 四条烏丸	26	❷	2〜	**12･31･46**、58(土休日運行)、**201･203･207**、京阪バスで四条高倉㉒･四条烏丸各バス停	8〜11
四条大宮 壬生寺	28	❷	6	**203**で壬生寺道⓲	18
		❷	4〜	**46･201･203･207**で四条大宮バス停	16〜17
河原町三条	30			四条河原町(P24)から北へ徒歩7分	
京都御所	32	❺	6	**201**で烏丸今出川❸	21
		❺	6	**202**で烏丸丸太町❽	16
下鴨神社	34	❷	5〜+4〜	四条河原町(P24)㊇**205･4･特4**で下鴨神社前❷	4〜+17
西陣	36	❷	8	**12**で堀川今出川❼	30
		❺	6	**201**で堀川今出川❹	25
二条城	38	❷	8	**12**で二条城前❻	20
東福寺・泉涌寺	40	❶	5･6〜	**207･202**、58(土休日運行)で泉涌寺道❷･東福寺❹	13･16
三十三間堂	42	❶	5･6〜	**207･202**、58(土休日運行)で東山七条❸	10
		❶	4･15〜	**206**･86･106で博物館三十三間堂前❷	10･9
清水寺	44	❶	7	EX100(土休日運行)で清水道❾	3
		❶	2〜	**206･207･202**、58(土休日運行)･86･106で清水道❶	3〜4
平安神宮	50	❺	8、7、15	**46**で岡崎公園 ロームシアター京都･みやこめっせ前❹･岡崎公園 美術館･平安神宮前❶、EX100(土休日運行)で同❷、86で同❶	8〜、5〜
南禅寺・永観堂	52	❺	6	**203**で東天王町❻	12
			2〜+4	**201･202･203･206**･31･**46**･86、京都バス臨東山で東山三条❹㊇東山駅から地下鉄東西線〔上り〕で蹴上駅	4+2
銀閣寺	54	❺	6、7	**203**で銀閣寺道❹、EX100(土休日運行)で銀閣寺前❶	18、11
詩仙堂・曼殊院	56	❺	30	31で一乗寺清水町❷	26
上賀茂神社	58	❷	8	**46**で上賀茂神社前(御薗口町)❸	51
大徳寺	60	❷	8	**12**で大徳寺前❷	36
		❺	5	**206**で大徳寺前❷	40
北野天満宮	62	❷	6	**203**(時計まわり)で北野天満宮前❶	37
		❺	6	**203**(反時計まわり)で北野天満宮前❷	42
金閣寺	64	❷	8	**12**で金閣寺道❶	42
龍安寺	66	❺	6+7	**202**で河原町丸太町(P32.P82)㊇**59**で龍安寺前❷	12+34
仁和寺		❺	6+7〜	河原町丸太町(P82)㊇**10･59**で御室仁和寺❹	12+32･38
妙心寺		❺	6〜+10	**202･206**、京都バス臨東山で熊野神社前(P50)㊇93で妙心寺前❾	8〜+25
東映太秦映画村	68	❺	6〜+10	熊野神社前(P50)㊇93で太秦映画村道❷	8〜+36
広隆寺・映画村		❷	5〜+10	四条河原町(P24)㊇11で太秦広隆寺前❻	4〜+33
嵐山	70	❷	5〜+10	四条河原町㊇11で嵐山天龍寺前❷	4〜+44
嵯峨野・大覚寺	72	❷	5〜+10	四条烏丸(P26)㊇91で大覚寺❶	10〜+46
高雄	79	❷	5〜+10	四条烏丸㊇8で高雄❸･栂ノ尾❻	10〜+50･52
松尾大社	74	❷	5〜+20	四条烏丸㊇29で松尾大社前❷	10〜+30
伏見稲荷	76	❶	4〜+30	京都駅前(P18)㊇南5で稲荷大社前❶	20〜+16
伏見桃山	77	❶	4〜+15〜	**207･202**で地下鉄九条駅前(大石橋)(巻頭路線図E.P83)㊇81･特81で京橋❸	17+25〜

洛中 洛東 洛北 洛西 洛南

よみかた 一力亭(いちりきてい) 切り通し(きりとおし) 西楼門(にしろうもん) 花見小路(はなみこうじ) 縄手(なわて) 古門前通(ふるもんぜんどおり) 目疾地蔵(めやみじぞう) 新門前通(しんもんぜんどおり)

知恩院・青蓮院
ちおんいん　しょうれんいん

❶〜❹・❼東山三条（地下鉄東山駅）

あんじょうお行きやす、円山公園

円山公園は東山をバックに敷地約10万m²を誇る小川治兵衛作の回遊式庭園。春には枝垂桜目当てに花見客が集まる。園内には**坂本龍馬・中岡慎太郎の銅像**などがあり、有名な料亭が軒を連ねる。

除夜の鐘と日本最大の**三門**で有名な**知恩院**は、浄土宗の総本山。**男坂**、**女人坂**という坂を経て広大な境内へと向かう。（参拝自由・庭園有料）

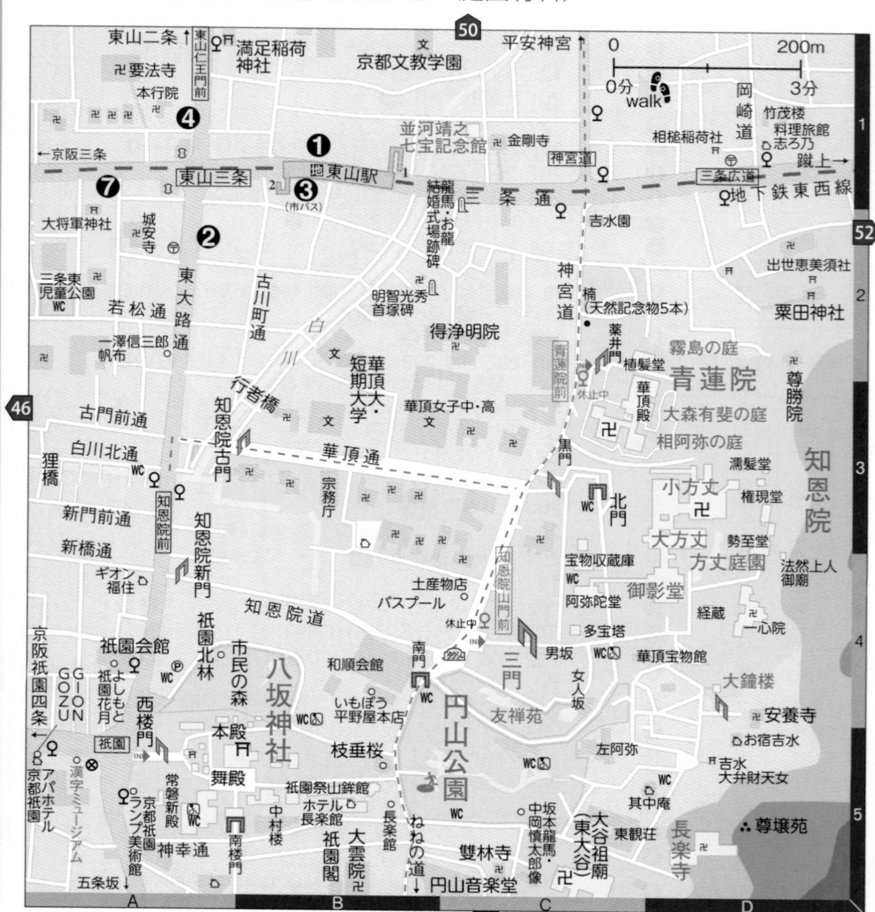

南行５系統は四条通・五条通経由に分かれ烏丸五条で合流。特記のない場合は両系統乗車可能。

目的地	参照頁	乗り場	待ち時分	アクセスと下車バス停 ※太字は1時間に4便以上(昼間)	乗車時分
京都駅 京都水族館	18	❷	5	206で京都駅前	24
		❸	5、15、15	5・86、105(土休日運行)で京都駅前、86は京都駅前、梅小路公園・京都鉄道博物館前バス停	25、30、46
		地東山駅	4+4	地下鉄東西線〔下り〕で烏丸御池駅継地下鉄烏丸線〔下り〕で京都駅	5+6
東・西本願寺	20	❷	5	206で烏丸七条⓫・七条堀川❺	21・30
		❸	5、15	5、105(土休日運行)で烏丸七条❾	24、24
東寺	22	❷	6	202で九条大宮❺	29
四条河原町	24	❷	3～	12・31・46・201・203で四条河原町❻	8～9
		❸	5、15	5(五条通経由)、105(土休日運行)で四条河原町❶(5の四条通経由は❻)	9、10
四条高倉 四条烏丸	26	❷	4～	12・31・46・201・203で四条高倉㉒・四条烏丸❻(31は❿・203は❼)	12～15
		❸	10	5(四条通経由)で四条高倉㉒・四条烏丸❹	14・17
四条大宮・壬生寺	28	❷	3～	46・201・203で四条大宮バス停・壬生寺道⓲(203のみ)	20～22
河原町三条	30	❸	5、15	5、105(土休日)で河原町三条❸	8、8
京都御所	32	❹	6	201で烏丸今出川❸	17
		❹	6	202で烏丸丸太町❽	12
		地東山駅	4+4	地下鉄東西線〔下り〕で烏丸御池駅継地下鉄烏丸線〔上り〕で丸太町駅・今出川駅	5+2・4
下鴨神社	34	❹	6	201で出町柳駅前バス停	11
		❹	6+4～	202で河原町丸太町(P32.P82)継205・4・特4で下鴨神社前❷	8+11
西陣	36	❹	6	201で堀川今出川❹	21
二条城		地東山駅	4	地下鉄東西線〔下り〕で二条城前駅・二条駅	7・9
東福寺・泉涌寺	40	❷	6	202で泉涌寺道❷・東福寺❹	17・19
三十三間堂	42	❷❸	5・15	206(❷)・86(❸)で博物館三十三間堂❷	14・16
		❷	6	202で東山七条❸	14
清水寺	44	❷	5・6	206・202で清水道❶	8
平安神宮	50	❶	5	5で岡崎公園 美術館・平安神宮前❷	4
		❹	8・15	46・86で上記❶(46は岡崎公園 ロームシアター京都・みやこめっせ前❹・同 美術館・平安神宮前❶、86は❶のみ)	5～・8～
南禅寺・永観堂	52	❶	5	5で南禅寺・永観堂道❷	7
		地東山駅	4	地下鉄東西線〔上り〕で蹴上駅	2
銀閣寺	54	❶	5、15	5、105(土休日)で銀閣寺道❹(105は銀閣寺前❶)	15、16
		❹	6	203で銀閣寺道❹	14
詩仙堂・曼殊院	56	❶	5	5で一乗寺下り松町❹・一乗寺清水町❷	21・23
上賀茂神社	58	❷	8	46で上賀茂神社前❶	56
大徳寺	60	❹	5	206で大徳寺前❷	38
北野天満宮	62	❹	6	203で北野天満宮前❷	38
金閣寺	64	❷	8	12で金閣寺道❶	46
龍安寺 仁和寺	66	❷	6+7	202で河原町丸太町(P32.P82)継59で龍安寺前❷・御室仁和寺❹	8+34・38
		地東山駅	4+7	地下鉄東西線〔下り〕で三条京阪駅継三条京阪前から市バス59で金閣寺道❶・立命館大学前❽・龍安寺前❷・御室仁和寺❹	2+35・40・41・45
妙心寺・仁和寺		❷	6+10	河原町丸太町継10で妙心寺北門前❼・御室仁和寺❹	8+32・38
妙心寺		❹	4～+10	201・202・206、京都バス臨東山で熊野神社前(P50)継93で妙心寺前❾	4～+25
東映太秦映画村	68	❹	4～+10	熊野神社前(P50)継93で太秦映画村道❷	4～+30
広隆寺		❷❸	6～+10	四条河原町(P24)継11で太秦広隆寺前❻	8～+33
		地東山駅	4+10	地下鉄東西線〔下り〕三条京阪駅継三条京阪前から市バス11で太秦広隆寺前❻	2+41
嵐山	70	❷❸	5～+10	四条河原町継11で嵐山天龍寺前❷	8～+44
		❹	6～+10	熊野神社前(P50)継93で嵐山天龍寺前❶(土休日❷)	4+45
大覚寺	72	❷❸	4～+10	四条烏丸(P26)継91で大覚寺❶	14～+46
松尾大社	74	❷❸	4～+20	四条烏丸継29で松尾大社前❷	14～+30
伏見稲荷	76	❷❸	4～+30	京都駅前(P18)継南5等で稲荷大社前❶	24～+16
伏見桃山	77	❷	6+15～	202で地下鉄九条駅前(大石橋)(P82)継81・特81で京橋❸	21+25～

よみかた 長楽寺(ちょうらくじ) 円山公園(まるやまこうえん) 勢至堂(せいしどう) 権現堂(ごんげんどう) 濡髪堂(ぬれがみどう) 華頂通(かちょうどおり) 枝垂桜(しだれざくら) 山鉾(やまほこ)

平安神宮

へいあんじんぐう

❶❷岡崎公園 美術館・平安神宮前
❸❹岡崎公園 ロームシアター京都・みやこめっせ前
⓭⓮東山二条・岡崎公園口
⓯⓰岡崎道

あんじょうお行きやす、岡崎公園

平安神宮は、平安遷都1100年を記念して建立。平安京の御殿を縮小再現し、雅やかな宮廷文化を思わせる。6月1日・2日の**京都薪能**、10月22日の**時代祭**も見応えがあり。神苑は小川治平衛の作庭。（参拝自由・神苑有料）

京都伝統産業ミュージアムでは、京都の多彩な伝統工芸品を一堂に集め、紹介している。（入館無料）

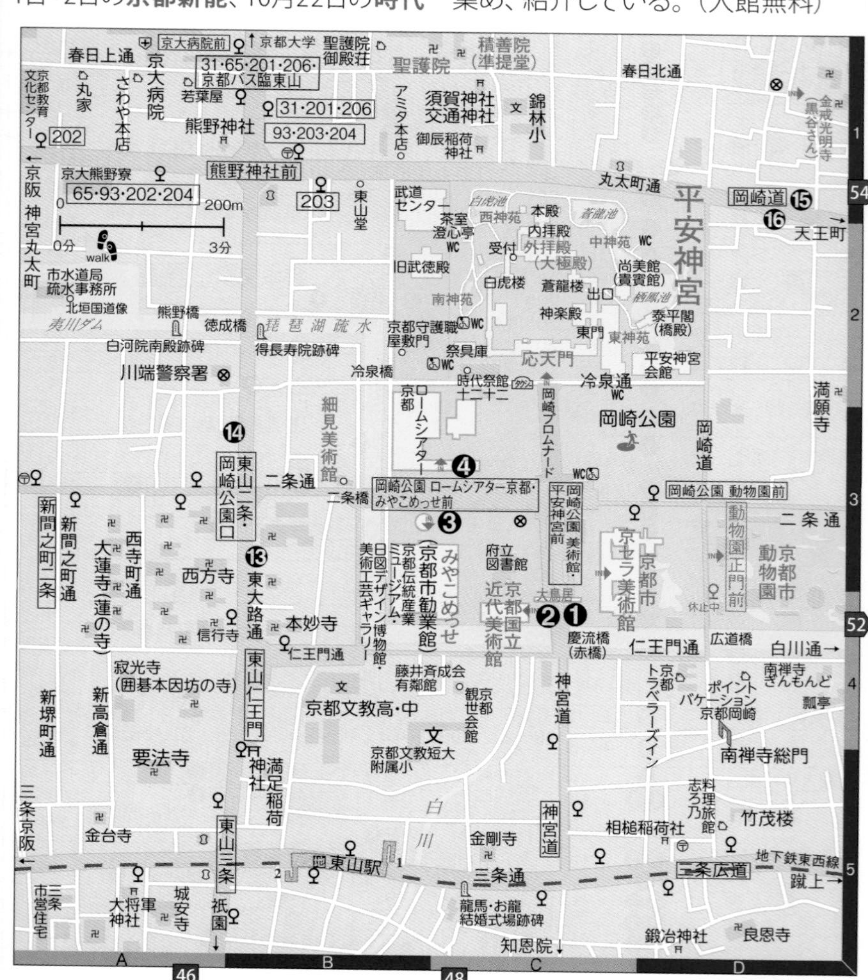

南行**5**系統は四条通・五条通経由に分かれ烏丸五条で合流。特記のない場合は両系統乗車可能。

目的地	参照頁	乗り場	待ち時分	アクセスと下車バス停 ※太字は1時間に4便以上(昼間)	乗車時分
京都駅	18	❶	5·15·7	**5**·86、EX100(土休日運行)で京都駅前、(86は梅小路公園·京都鉄道博物館前バス停も)	29·30、23(36)
東本願寺	20	❶	5	**5**で烏丸七条❾	32
西本願寺		❶	8+5	**46**で四条堀川(P28)継**9**で西本願寺前❶	23+4
		❸	15+5	32で四条堀川継**9**で西本願寺前❶	22+4
東寺	22	⓭	6	**202**で九条大宮❺	33
四条河原町	24	❶	5·8、15	**5**·**46**、105(土休日運行)で四条河原町❶(5の五条通経由と105、5の四条通経由と**46**は❻)	13·13·14
		❸	15	32で四条河原町❻	12
四条高倉	26	❶	10·8	5(四条通経由)·**46**で四条高倉㉒·四条烏丸❹(**46**は❻)	17·19
四条烏丸		❸	15	32で四条烏丸❻	18
四条大宮	28	❶	8	**46**で四条大宮❽	25
壬生寺		❸	15	32で四条大宮❸	24
河原町三条	30	❶	5、15	**5**、105(土休日運行)で河原町三条❸	11、12
		❸	15	32で河原町三条❹	9
京都御所	32	⓰	6·10	**204**·**93**で烏丸丸太町❽	10
		⓮	6	**202**で烏丸丸太町❽	10
下鴨神社	34	⓮	6	**201**で出町柳駅前バス停	9
		⓰	6~+4~	**204**·**93**で河原町丸太町(P32.P82)継**205**·**4**·**特4**で下鴨神社前❷	6+11
西陣	36	⓮	6	**201**で堀川今出川❹	19
二条城	38	⓰	6·10	**204**·**93**で堀川丸太町❷	14
東福寺·泉涌寺	40	⓭	6	**202**で泉涌寺道❷·東福寺❹	19·21
清水寺 三十三間堂	44·42	❶	7、15	EX100(土休日運行)で清水道❾のみ、86で清水道❶·博物館三十三間堂前❷	8、11·18
		⓭	5	**206**で清水道❶·博物館三十三館堂前❷	10·16
祇園	46	❶	8、7	**46**、EX100(土休日運行)で祇園❷(EX100は❶)	8、5
知恩院 青蓮院	48	❶	8·15、15	**46**·86、105(土休日運行)で東山三条❷(86·105は東山三条❸)	4~
南禅寺·永観堂	52	❷	5	**5**で南禅寺·永観堂道❷	3
銀閣寺	54	❷	5、7·15	**5**、EX100·105(土休日運行)で銀閣寺道❸(EX100·105は銀閣寺前❶)	11、6·12
		❹	10	32で銀閣寺前❶	12
詩仙堂· 曼殊院	56	❷	5	**5**で一乗寺下り松町❹·一乗寺清水町❷	17·19
		⓮	30	31で一乗寺清水町❷	20
上賀茂神社	58	❶	8	**46**で上賀茂神社前❶	60
大徳寺	60	⓮	5	**206**で大徳寺前❷	33
北野天満宮	62	⓮	6	**203**で北野天満宮前❷	36
金閣寺	64	⓰	6	**204**で金閣寺道❸	32
龍安寺	66	⓰	6~+7	**204**·**93**で河原町丸太町(P32.P82)継**59**で龍安寺前❷	6+34
仁和寺		⓰	6~+10	**204**·**93**で西ノ京円町(P82)継**26**で御室仁和寺❹	23+12
妙心寺		⓰	10	93で妙心寺前❾	28
太秦映画村	68	⓰	10	93で太秦映画村道❷	31
広隆寺·映画村		❶❸	5~+10	四条河原町(P24)継11で太秦広隆寺前❻	12~+33
嵐山	70	⓰	10	93で嵐山天龍寺前❶(土休は❷)	44~
嵯峨野	72	⓰	10	93で嵯峨小学校前❽(土休は❼)	41~
松尾大社	74	❶❸	10+20	四条烏丸(P26)継29で松尾大社前❷	18~+30
伏見稲荷	76	❶	5~+30	京都駅前(P18)継南5等で稲荷大社前❶	28~+16
伏見桃山	77	❶	5~+15~	京都駅前継81·特81で京橋❸	28~+33~

よみかた 仁王門(におうもん) 冷泉通(れいぜいどおり) 疏水(そすい) 三条広道(さんじょうひろみち) 神苑(しんえん) 大極殿(だいごくでん) 白虎楼(びゃっころう)

南禅寺・永観堂
なんぜんじ　えいかんどう

❶❷南禅寺・永観堂道
❺〜❽東天王町

あんじょうお行きやす、琵琶湖疏水

明治の大事業であった琵琶湖疏水。蹴上発電所は日本最初の事業水力発電所であり、現在も稼動を続けている。**インクライン**は高低差のある蹴上(けあげ)と南禅寺の舟だまりの間を結び、艇架台で舟を運ぶ施設で、現在は桜の名所でもある。

琵琶湖疏水記念館には、疏水建設当時の図面や絵図、先人の気概や工事の苦労を偲ばせる多くの資料を展示。（入館無料）

南禅寺は臨済宗南禅寺派の本山で、室町時代には「五山之上」に列せられた。三門は歌舞伎「楼門五三桐(さんもんごさんのきり)」の石川五右衛門の名台詞、「絶景かな、絶景かな」で有名。境内の**水路閣**は、琵琶湖疏水事業で施工された煉瓦造の疏水橋。見た目も美しいアーチ構造だ。（境内自由・方丈、三門入場有料）

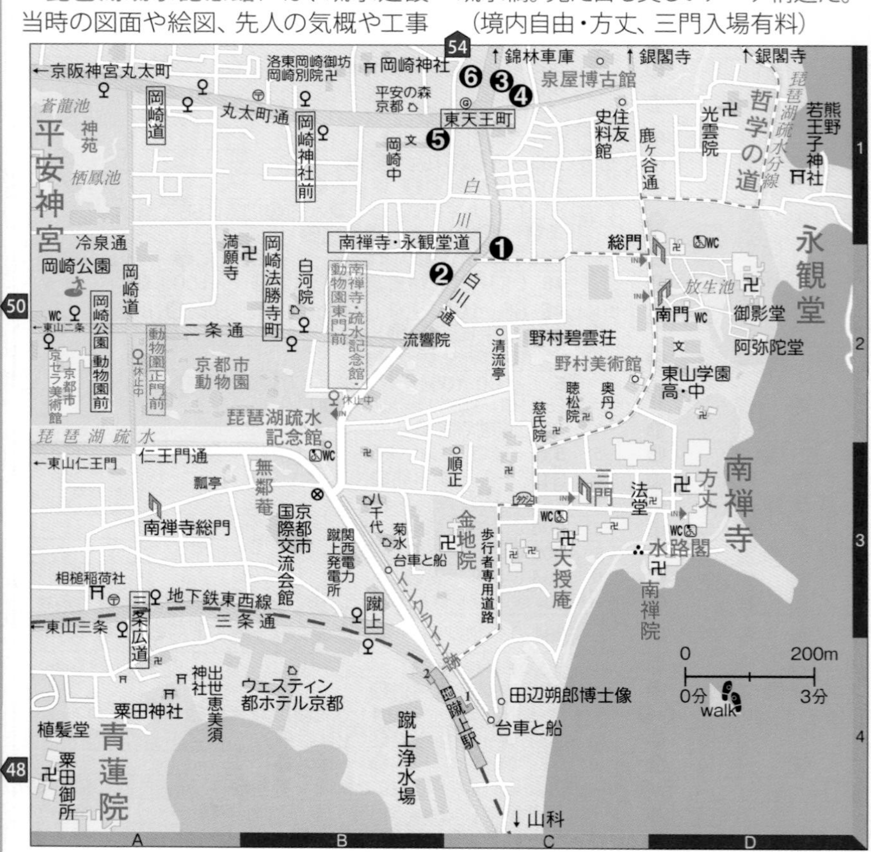

銀閣寺から若王子に至る、疏水分流沿いの小径が「**哲学の道**」。**熊野若王子神社**は、京都三熊野のひとつで紅葉の名所。(参拝自由)

大豊神社は鹿ケ谷の産土神。狛犬ならぬ狛ネズミ、狛サル、狛トビなどが面白い。(参拝自由)

法然院は法然の草庵跡。(境内自由・本坊は通常非公開)

目的地	参照頁	乗り場	待ち時分	アクセスと下車バス停 ※太字は1時間に4便以上(昼間)	乗車時分
京都駅 東本願寺	18 20	❶	5	**5**で烏丸七条❾・京都駅前市バス降り場	30・34
		❺	15	105(土休日運行)で烏丸七条❾・京都駅前	34・38
		地蹴上駅	4+4	東西線〔下り〕烏丸御池駅継地下鉄烏丸線〔下り〕で京都駅	7+6
西本願寺		❶	5+5	**5**で東山三条(P48)継**206**で七条堀川❹	8+33
		地蹴上駅	4+6	東西線〔下り〕二条城前駅継**9**で西本願寺前❶	9+11
京都水族館	22	❶	5+15	**5**で京都駅前継86等	34+10
東寺		❶	5+6	**5**で東山三条継**202**で九条大宮❺	8+29
		地蹴上駅	4+4+30	上記地下鉄東西線継烏丸線で京都駅継	7+5+8
四条河原町 四条高倉 四条烏丸	24 26	❶	5	**5**で四条河原町❻(五条通経由は❶)	19
		❺	6・15、15	**203**・**32**、105(土休日運行)で四条河原町❻(105は❶のみ)・四条高倉㉒、四条烏丸❼(32は❻)	17・20、23
		❶	10	5(四条通経由)で四条高倉㉒・四条烏丸❹	21・23
四条大宮・壬生寺	28	❺	6・15	**203**・**32**で四条大宮バス停、壬生寺道⓲(**203**のみ)	28〜・30
河原町三条	30	❶	5	**5**で河原町三条❸(❺から32、105(土休日運行)も)	16・14、18
京都御所	32	❺	6・10	**204**・**93**で烏丸丸太町❽	12
		❻	6	**203**で烏丸今出川❸	19
下鴨神社	34	❻	6	**203**で出町柳駅前バス停	13
		❺	6〜+4〜	**204**・**93**で河原町丸太町(P32.P82)継**205**・**4**・特4で下鴨神社前❷	8+10
西陣	36	❻	6	**203**で堀川今出川❹	27
二条城	38	❺	6・10	**204**・**93**で堀川丸太町❷	16
		地蹴上駅	4	地下鉄東西線〔下り〕で二条城前駅・二条駅	9・11
東福寺・泉涌寺	40	❶	5+6	**5**で東山三条(P48)継**202**で泉涌寺道❷・東福寺❹	8+16〜
三十三間堂・清水寺	42・44	❶	5+6	**5**で東山三条(P48)継**202**で清水道❶、東山七条❸	8+10、15
祇園	46	❺	6	**203**で祇園❷	12
知恩院・青蓮院	48	❶	5	**5**で東山三条❸	8
		地蹴上駅	4	地下鉄東西線〔下り〕で東山駅	2
平安神宮	50	❶	5	**5**で岡崎公園 美術館・平安神宮前❶	4
銀閣寺	54	❷	5	**5**で銀閣寺道❸	8
		❹	15	105(土休日運行)で銀閣寺前❶	6
詩仙堂・曼殊院	56	❷❻	5	**5**で一乗寺下り松町❹・一乗寺清水町❷	12〜16
上賀茂神社	58	❻	6+6	**203**で堀川今出川(P36)継**9**で上賀茂御薗橋❺	23+13
大徳寺	60	❻	6	**204**で大徳寺前❷	34
北野天満宮	62	❻	6	**203**で北野天満宮前❷	30
金閣寺	64	❺	6	**204**で金閣寺道❸	34
龍安寺	66	❺	6〜+7	**204**・**93**で河原町丸太町(P82)継**59**で龍安寺前❷	8+34
仁和寺		❺	6〜+10	**204**・**93**で西ノ京円町(巻頭路線図B.P82)継26で御室仁和寺❹	25+12
妙心寺		❺	10	93で妙心寺前❾	30
東映太秦映画村	68	❺	10	93で太秦映画村道❷	33
広隆寺		❶	5+10	**5**で三条京阪前継11で太秦広隆寺前❻	11+41
嵐山	70	❺	10	93で嵐山天龍寺前❶(土休は❷)	46〜
嵯峨野	72	❺	10	93で嵯峨小学校前❽(土休は❼)	43〜
松尾大社	74	❶	5+20	四条烏丸(P26)継29で松尾大社前❷	23+30
伏見稲荷	76	❶	5+30	京都駅前(P18)継南5等で稲荷大社前❶	34+16
伏見桃山	77	❶	5+15〜	京都駅前継81・特81で京橋❸	34+33〜

よみかた 鹿ヶ谷(ししがたに) 天王町(てんのうちょう) 若王子(にゃくおうじ) 法勝寺(ほっしょうじ) 蹴上(けあげ) 法堂(はっとう) 放生池(ほうじょうち) 金地院(こんちいん) 粟田(あわた)

銀閣寺
ぎんかくじ

❶銀閣寺前
❷〜❻銀閣寺道

あんじょうお行きやす 「熊野若王子神社」「大豊神社」「金戒光明寺」

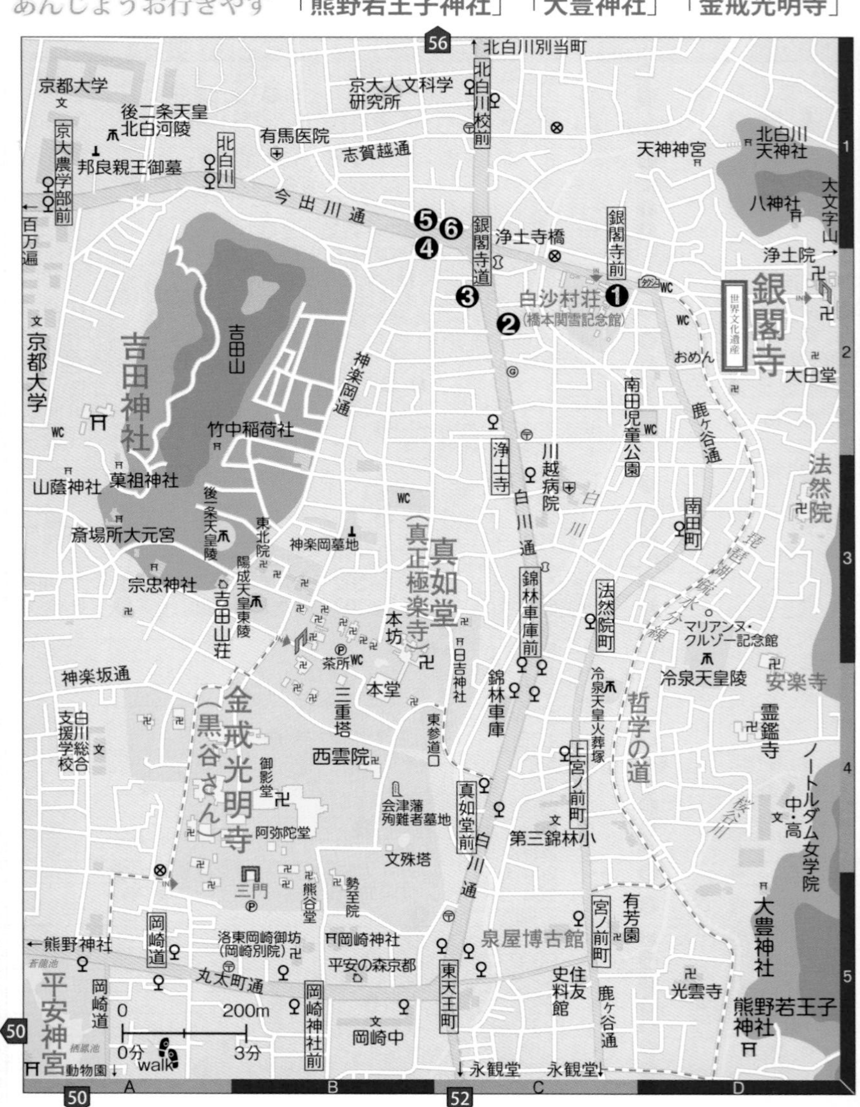

南行**5**系統は四条通・五条通経由に分かれ烏丸五条で合流。特記のない場合は両系統乗車可能。

目　的　地	参照頁	乗り場	待ち時分	アクセスと下車バス停　※太字は1時間に4便以上(昼間)	乗車時分
京　都　駅	18	❶❷	7·15、5	EX100·105(土休日運行)、**5**(❷のみ)で京都駅前市バス降り場	31·45、39
		❹	6	**7**で京都駅前市バス降り場	35
西本願寺	20	❷	6~+6	**203·32**で四条堀川(P28)継**9**で西本願寺前❶	29~+4
東　寺		❶❷	5~+5	祇園(P46)継**207**で東寺東門前❸	11~+27~
四条河原町	24	❶❷	15、15	32、105(土休日運行)で四条河原町❻(105は❸)	22~、25~
		❷	6·5	**203·5**で四条河原町❻·5の五条通経由は❶	21·23
		❹	6	**7**で四条河原町❸	21
四条烏丸	26	❶❷	15	32で四条烏丸❻	30·28
		❷	6·10	**203·5**(四条通経由)で四条烏丸❹(**203**は❼)	27·29
四条大宮 壬生寺	28	❶❷	15	32で四条大宮❸	36·34
		❷	6	**203**で四条大宮❷·壬生寺道⓲	33·34
河原町三条	30	❶❷	15、15	32、105(土休日)で河原町三条❹(105は❸)	21·19
		❷	5	**5**で河原町三条❸	20
		❹	6	**7**で河原町三条❷	18
京都御所	32	❹	6、15	**203**、102(土休日運行)で烏丸今出川❸	13、15
下鴨神社	34	❹	6~、15	**7·203**、102(土休日運行)で出町柳駅前バス停	7、9
西　陣	36	❹	6、15	**203**、102(土休日運行)で堀川今出川❹	17、18
二　条　城	38	❷	6	**204**で堀川丸太町❷	21
東福寺·泉涌寺	40	❶❷	6~+5	祇園(P46)継**207**で泉涌寺道❷·東福寺❹	11~+12~
三十三間堂	42	❶❷	6~+5	祇園(P46)継**207**で清水道❶·東山七条❸	11~+4·10
清　水　寺	44	❶❷	7	EX100(土休日運行)で清水道❾	17·14
祇　園 八坂神社	46	❷	6	**203**で祇園❷	17
		❶❷	7	EX100(土休日運行)で祇園❶	14·11
知　恩　院 青　蓮　院	48	❷	6	**203**で東山三条❷·知恩院前バス停	13·15
		❷	5、15	**5**、105(❶からも、土休日運行)で東山三条❸	14、15~
平安神宮	50	❷	5	**5**で岡崎公園 美術館·平安神宮前❶	10
		❶❷	15、7·15	32、EX100·105(土休日運行)で岡崎公園 ロームシアター京都·みやこめっせ前❸、100·105は上記❶	10~、6~·11~
南　禅　寺	52	❷	5	**5**で南禅寺·永観堂道❶	6
詩仙堂·曼殊院	56	❸	5	**5**で一乗寺下り松町❹·一乗寺清水町❷	6·8
上賀茂神社	58	❸	6+10	**204**で北大路BT継**北3**で御園口町❸	23+8
大　徳　寺	60	❸	6	**204**で大徳寺前❷	28
北野天満宮 金　閣　寺	62 64	❹	6、15	**203**、102(土休日運行)で北野天満宮前❷、金閣寺道❸(102のみ)	24、27
		❸	6	**204**で金閣寺道❷	34
龍　安　寺 仁　和　寺	66	❸	6+7	**7**で河原町今出川(P34)継**59**で龍安寺前❷·御室仁和寺❹	9+29·33
妙　心　寺		❶❷	15、5+10	102(土休日運行)、**5**(❷からのみ)で東天王町(P52)継93で妙心寺前❾	4~+29
高　雄	66 79	❹	6+30	**203**で北野白梅町(P62.P81)継JRバスで龍安寺前❷·御室仁和寺❹、高雄❸·栂ノ尾❻	23~+7~、25~
東映太秦映画村	68	❶❷	5+10	上記東天王町継93で太秦映画村道❷	4~+34
嵯　峨　野 嵐　山	72·70	❶❷	5+10	東天王町(P52)継93で嵯峨小学校前❽·嵐山天龍寺前❶(土休日は❼·❷)	4~+46~
松尾大社	74	❷	6+20	**203**等で四条烏丸(P26)継**29**で松尾大社前❷	27~+29

よみかた 南田町(みなみだちょう)　神楽岡(かぐらおか)　真如堂(しんにょどう)　泉屋博古館(せんおくはくこかん)　金戒光明寺(こんかいこうみょうじ)　白沙村荘(はくさそんそう)

詩仙堂・曼殊院
しせんどう　まんしゅいん

❶❷一乗寺清水町
❸❹一乗寺下り松町
❺❻❼❽修学院駅前

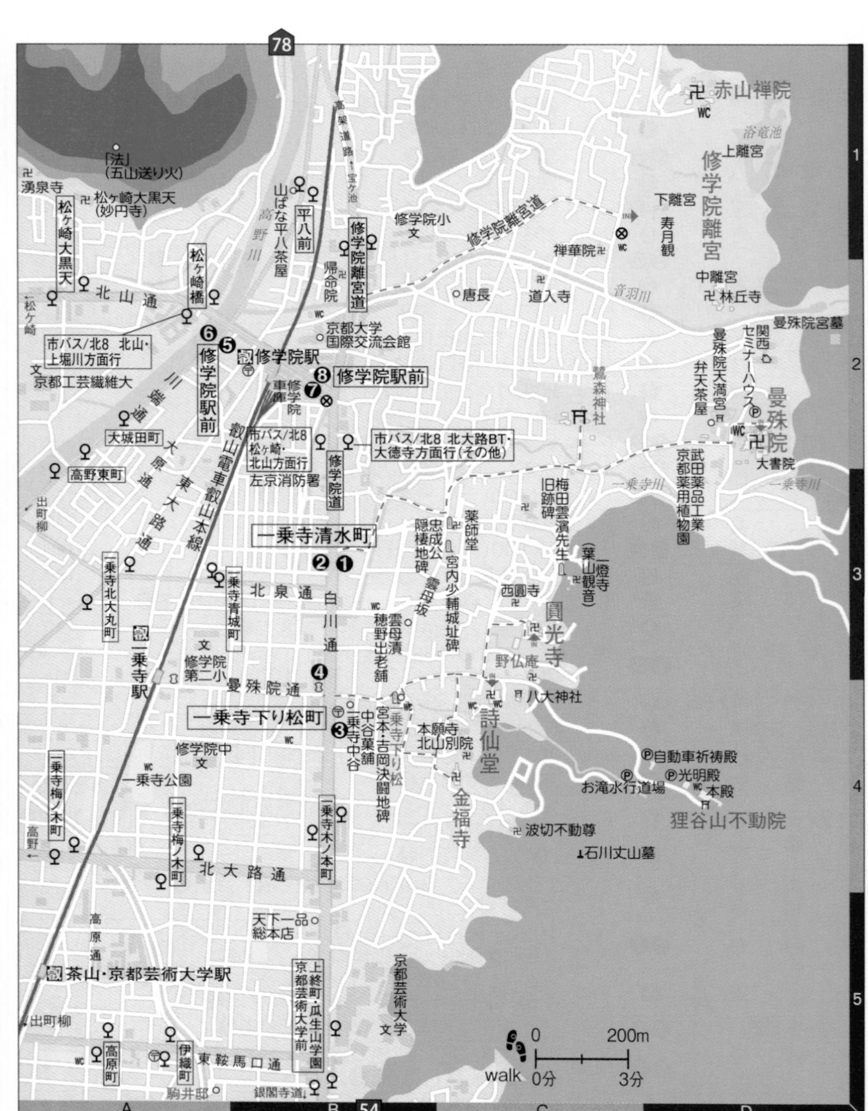

南行 **5** 系統は四条通・五条通経由に分かれ烏丸五条で合流。特記のない場合は両系統乗車可能。

目　的　地	参照頁	乗り場	待ち時分	アクセスと下車バス停 ※太字は1時間に4便以上(昼間)	乗車時分
京都駅 東・西本願寺	18 20	❶❸	5	**5**で烏丸七条❾・京都駅前市バス降り場	42～47
		❶❸	5+7	**5**で銀閣寺道㋬EX100(土休日運行)で京都駅前	9～+29
		❷❹	15+6	北8で上堀川(P60)㋬**9**(南行)で西本願寺前❶	17～+29
京都水族館 東寺	22	❶❸	5～ +10、 15	**5**で四条河原町(P24)㋬**207**、58(土休日運行)で七条大宮・京都水族館前バス停、梅小路公園・京都鉄道博物館前バス停(58のみ)、東寺東門前❷(**207**のみ)	31～+ 16～、21～
四条河原町 四条高倉 四条烏丸	24 26	❶	30	31で四条河原町❻・四条高倉㉒・四条烏丸⓾	31・35・37
		❶❸	5・5	**5**で四条河原町❻(五条通経由は❶)、四条高倉㉒・四条烏丸❹(四条通経由のみ)	32～39
		❼	30	65で四条烏丸⓬	36
四条大宮 壬生寺	28	❶❸	5+3～	**5**で四条河原町(P24)㋬**3**・**11**・**32**・**46**・**201**・**203**・**207**で四条大宮各バス停	31+4～
河原町三条	30	❶❸	5	**5**で河原町三条❸	29・30
京都御所	32	❼	30	65で烏丸丸太町❽	30
下鴨神社	34	❺	10～	京都バス**16**・**17**・**特17**・**21**・**41**で出町柳駅前❷	10
西陣	36	❷❹	15+6	北8で上堀川(P60)㋬**9**(南行)で堀川寺ノ内❶・堀川今出川❺	22～30
二条城	38	❶❸	5+6	**5**で錦林車庫前(P54)㋬**204**で堀川丸太町❷	12～+20
東福寺	40	❶	30+6	31で祇園(P46)㋬**207**で泉涌寺❷・東福寺❹	22～+12～
三十三間堂 清水寺	42 44	❶❸	5・ 30+4～	**5**・31(❶乗り場のみ)で東山三条(P48)㋬**206**等で清水道❶・博物館三十三間堂前❷	22～+8～・ 14～
祇園 八坂神社	46	❶	30	31で祇園❷	26
		❶❸	5+4～	**5**で東山三条㋬**206**等で祇園❶	22～+4
知恩院 青蓮院	48	❶	30	31で東山三条❷・知恩院前❺	22・24
		❶❸	5	**5**で東山三条❸	23～
平安神宮	50	❶	30	31で熊野神社前❼、東山二条・岡崎公園口⓭	18・20
		❼	30	65で熊野神社前⓾	18
		❶❸	5	**5**で岡崎公園 美術館・平安神宮前❶	20～
南禅寺	52	❶❸	5	**5**で東天王町❸・南禅寺・永観堂道❶	14～16
銀閣寺	54	❶❸	5	**5**で銀閣寺道❷	9・10
上賀茂神社	58	❷❹	15+6	北8で上堀川(P60)㋬**9**(北行)で上賀茂御薗橋❺	17～+4
大徳寺	60	❶❸	15	北8で大徳寺前❷・千本北大路❺	31～・27～
北野天満宮	62	❶❸	5+5～	**5**で銀閣寺道(P54)㋬**203**、102(土休日運行)で北野天満宮❷・北野白梅町バス停	9～+29～
金閣寺	64	❷❹	15+4 ～	北8で千本北大路(P60,P81)㋬**205**・**204**・**12**・**59**(西行)で金閣寺道❷(**12**・**59**は❶)	27～+3～
等持院	64	❷❹	15+8・ 7	北8で千本北大路㋬12・59(西行)で立命館大学前❽	27～+7
龍安寺 仁和寺	66	❷❹	15+7	北8で千本北大路㋬**59**(西行)で龍安寺前❷・御室仁和寺❹	27～+8・ 12
妙心寺		❶❸	5+10	**5**で錦林車庫前(P54)㋬93で妙心寺前❾	12～+31
広隆寺・映画村	68	❶❸	5+10	**5**で錦林車庫前㋬93で太秦映画村道❷	12～+36
嵐山 嵯峨野	70 72	❶❸	5+10	**5**で錦林車庫前(P54)㋬93で嵯峨小学校前❽・嵐山天龍寺前❶(土休日は❼・❷)	12～+48～

よみかた 赤山禅院(せきざんぜんいん) 修学院離宮(しゅうがくいんりきゅう) 鷺森神社(さぎのもり) 雲母漬(きららづけ) 白川通(しらかわ) 一乗寺清水町(いちじょうじしみずちょう)・下り松町(さがりまつちょう) 叡電鞍馬線(えいでんくらません) 金福寺(こんぷくじ)

上賀茂神社
かみがもじんじゃ

❶上賀茂神社前
❷❸御薗口町（上賀茂神社前）
❹❺上賀茂御薗橋

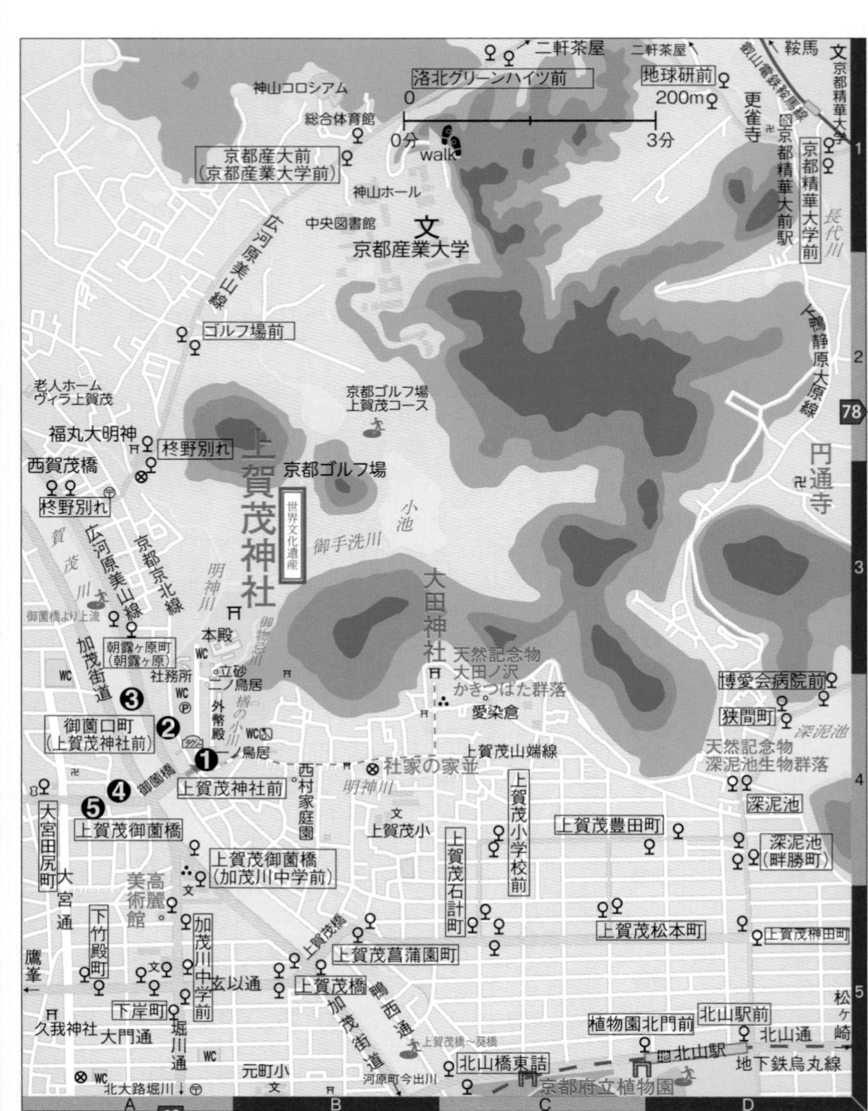

あんじょうお行きやす、社家(しゃけ)の町

上賀茂神社の祭事では、**葵祭**(あおいまつり)(5月15日)、**烏相撲**(からすずもう)(9月9日)が名高い。境内を流れる川に沿い、神官の屋敷であった社家(しゃけ)の町が並ぶ。(参拝自由)

大田神社の「**大田ノ沢**」は5月に咲くカキツバタの群生地として有名で、天然記念物。(カキツバタ育成協力金)氷河期以来の動植物が生息する**深泥池**(みどろがいけ)も同じく天然記念物。

目的地	参照頁	乗り場	待ち時分	アクセスと下車バス停 ※太字は1時間に4便以上(昼間)	乗車時分
京都駅 東本願寺	18 20	❶	10	4・特4(左京区総合庁舎経由)で京都駅前市バス降り場	50
		❹	6	**9**で同上降り場	39
		❶	10+4	4・特4で北山駅前(P58)㊝地下鉄烏丸線(下り)で五条駅・京都駅	13〜+13・15
西本願寺	20	❹	6	**9**で西本願寺前❶	32
京都水族館 東寺	22	❹	6+5	**9**で四条堀川(P28)㊝**207**で七条大宮・京都水族館前バス停、東寺東門前❷	28+10、12
四条河原町	24	❶	10・8	4・特4(左京区総合庁舎経由)・**46**で四条河原町❶(市バス**46**は❾)	39・46
四条烏丸	26	❶	8	**46**で四条烏丸❾・四条高倉㉑	40・42
四条大宮	28	❶	8	**46**で四条大宮❾❶	34
河原町三条	30	❶	10	4・特4(左京区総合庁舎経由)で河原町三条❸	36〜
京都御所	32	❶	10	4・特4で府立医大病院前⓫	29〜
		❹	5+4〜	**9**で堀川今出川(P36)㊝201・203・59で烏丸今出川❷	13+3〜
下鴨神社	34	❶	10	4・特4(左京区総合庁舎経由)で下鴨神社前❶	20〜
西陣	36	❹	6	**9**で堀川今出川❺	13
二条城	38	❹	6	**9**で二条城前❺	21
東福寺・泉涌寺	40	❹	6+6	**9**で堀川丸太町(P38)㊝**202**で泉涌寺道❷・東福寺❹	19+32〜
三十三間堂	42	❹	6+4〜	京都駅前(P18)㊝**206**・208・86・京都バス臨東山で博物館三十三間堂前❶	39〜+7〜
清水寺 祇園 知恩院・青蓮院 平安神宮	44 46 48 50	❹	6+6	堀川丸太町(P38)㊝**202**で東山二条・岡崎公園前⓭、東山三条❷、知恩院前、祇園❶、清水道❶	19+14・16・18・20・24
		❶	8	**46**で祇園❺	50
		❶	8	**46**で知恩院前バス停・東山三条❹	54・56
		❶	8	**46**で岡崎公園 ロームシアター京都・みやこめっせ前❹・岡崎公園 美術館・平安神宮前❶	60・63
南禅寺・永観堂	52	❹	6+6〜	堀川丸太町(P38)㊝**204**・93で東天王町❻	19+16
銀閣寺	54	❹	6+6〜	堀川今出川(P36)㊝**203**、102(土休日)で銀閣寺道❷	13+18〜
詩仙堂・曼殊院	56	❶	10+15	4・特4で北山駅前(P58)㊝北8(東行)で一乗寺清水町❸・一乗寺下り松町❶	13〜+11〜
大徳寺	60	❹	6・10	**9**・**37**で北大路堀川バス停	8
北野天満宮	62	❶	8+6〜	**46**で千本今出川(P62.P81)㊝**203**、102(土休日運行)で北野天満宮前❷	20+2〜
金閣寺	64	❶	8+3〜	**46**で千本北大路(P60.P81)㊝**205**・**204**・**12**・**59**で金閣寺道❷(**12**・**59**は金閣寺道❶)	14+2
龍安寺・仁和寺	66	❹	6+7	堀川今出川(P36)㊝**59**で龍安寺前❷・御室仁和寺❹	13+21・25
妙心寺		❶	8+10	**46**で千本丸太町(P38.P82)㊝93・京都バス臨丸太町で妙心寺前❾	26+9
東映太秦映画村	68	❶	8+10	**46**で千本丸太町㊝93・京都バス臨丸太町で太秦映画村道(常盤仲之町)❷	26+14
広隆寺・映画村		❹	6+10	**9**で四条堀川(P28)㊝**11**で太秦広隆寺前❻	28+22
嵐山	70	❶	8+10	**46**で千本丸太町(P38.P82)㊝**93**で嵐山天龍寺前❶(土休日は❷)	26+29〜
嵯峨野	72	❶	8+10	**46**で千本丸太町㊝93で嵯峨小学校前❽(土休は❼)	26+26〜

よみかた 柊野別れ(ひらぎのわかれ) 御手洗川(みたらしがわ) 御物忌川(おものいがわ) 楢の小川(ならのおがわ) 社家(しゃけ) 愛染倉(あぜくら) 御薗橋(みそのばし) 高麗(こうらい)

❶❷大徳寺前
❹❼北大路堀川

あんじょうお行きやす、紫野

大徳寺は、伽藍が南北一直線上が並ぶ禅宗建築の典型。千利休はここの山門の上に、自分の木像を置いたことが豊臣秀吉の怒りに触れ切腹を命じられた。秀吉が織田信長の葬儀を営み、また大茶湯会を開催し、寺領を寄進し保護したことから諸大名も競って塔頭を建立した。（境内自由・公開塔頭有料）

織田信長を祀る**建勲神社**は、1910年（明治43）船岡山に移された。信長が愛用した刀や鎧が保存され、重要文化財に指定されている。（参拝自由）

今宮神社の「**やすらい祭**」は疫病除けの祭で、4月第2日曜に行われる京都三奇祭のひとつ。行列の花傘の下に入ると病気にかからないとされる。（参拝自由）

辺りは牛若丸出生の地であり、**胞衣塚**や誕生井の石碑がある。

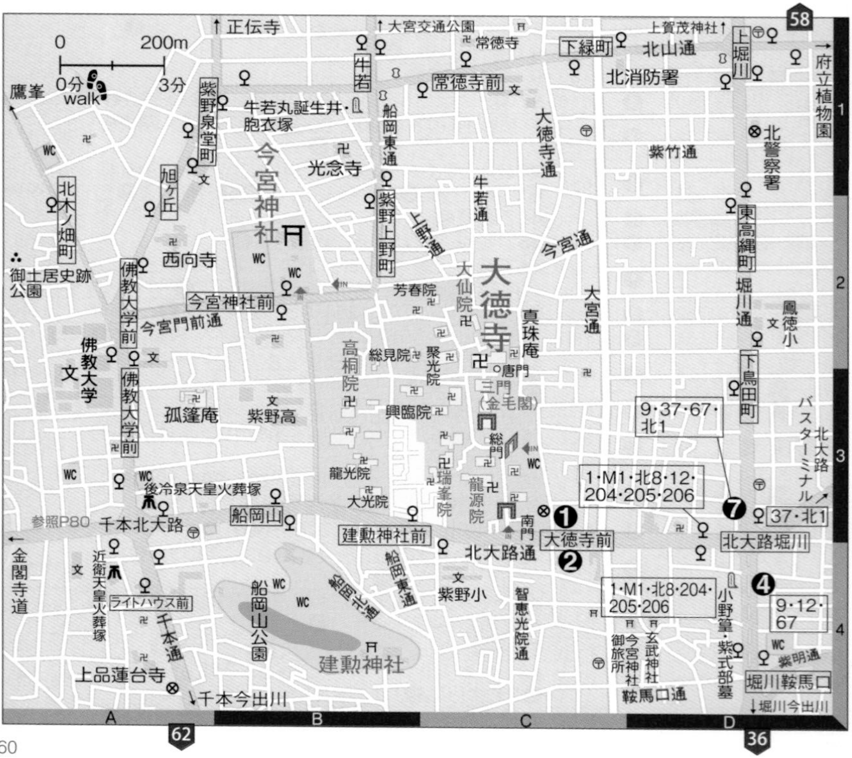

58
0　200m
0分　walk　3分
↑正伝寺
↑大宮交通公園
上賀茂神社↑
→府立植物園
鷹峯
常徳寺
下緑町
北山通
上堀川
牛若
常徳寺前
北消防署
紫野泉堂町
牛若丸誕生井・胞衣塚
船岡東通
大徳寺通
北警察署
今宮神社
光念寺
紫竹通
旭ケ丘
北木ノ畑町
紫野上野町
牛若通
上野通
今宮通
東高縄町
御土居史跡公園
西向寺
大仙院
大徳寺
大宮通
堀川通
佛教大学前
芳春院
今宮神社前
今宮門前通
真珠庵
鳳徳小
佛教大学
高桐院
総見院
聚光院
唐門
三門（金毛閣）
下鳥田町
孤篷庵
紫野高
興臨院
9・37・67・北1
バスターミナル
北大路
佛教大学前
総門
龍光院
瑞峯院
龍源院
1・M1・北8・12・204・205・206
後冷泉天皇火葬塚
大光院
船岡山
❶
❼
37・北1
参照P80　千本北大路
南門
建勲神社前
大徳寺前
北大路堀川
←金閣寺道
北大路通
❷
近衛天皇火葬塚
船岡東通
紫野小
❹
ライトハウス前
船岡山公園
船岡北通
智恵光院通
1・M1・北8・204・205・206
小野篁・紫式部墓
9・12・67
千本通
御旅所
今宮神社
玄武神社
紫明通
建勲神社
上品蓮台寺
鞍馬口通
堀川鞍馬口
↓千本今出川
↓堀川今出川
A　B　C　D
1　2　3　4
62
36

目的地	参照頁	乗り場	待ち時分	アクセスと下車バス停 ※太字は1時間に4便以上(昼間)	乗車時分
京都駅	18	❹	6	**9**で京都駅前市バス降り場	31
		❶	2～+4	**204·205·206**·北8等で北大路BT継地下鉄烏丸線(下り)で京都駅	6+13
		❷	6	**206**で京都駅前市バス降り場	39
西本願寺	20	❹	6	**9**で西本願寺前❶	24
京都水族館 東寺	22	❷	6+5～	**206**で四条大宮(P28)継**207**·**71**で七条大宮·京都水族館前バス停(**71**はこの停のみ)、東寺東門前❷(**207**のみ)	24+8、12
四条河原町	24	❶	4·8	**205·12**で四条河原町❸(市バス**12**は❾)	32·32
四条高倉 四条烏丸	26	❶	8	**12**で四条烏丸❾·四条高倉㉑	25·28
四条大宮	28	❷	6	**206**で四条大宮❸	24
河原町三条	30	❶	4	**205**で河原町三条❷	28
京都御所	32	❷	6	**204**で烏丸丸太町❼	27
		❷	15	102(土休日運行)で烏丸今出川❷	23
下鴨神社	34	❶	4·8	**205·1**で下鴨神社前❶	13
西陣	36	❶	8	**12**で堀川今出川❺	6
二条城	38	❶	8	**12**で二条城前❺	14
東福寺・泉涌寺	40	❶	6+5	**206**で祇園(P46)継**207**で泉涌寺道❷·東福寺❹	37+13·15
三十三間堂	42	❶❷	6	**206**で博物館三十三間堂前❷❶	47·48
清水寺	44	❶	6	**206**で清水道❶	41
祇園	46	❶	6	**206**で祇園❶	37
知恩院・青蓮院	48	❶	6	**206**で東山三条❷·知恩院前バス停	33·35
平安神宮	50	❶	6	**206**で東山二条·岡崎公園口⓭	31
南禅寺・永観堂	52	❶	6	**204**で東天王町❺	32
銀閣寺	54	❶	6	**204**で銀閣寺道❷	27
詩仙堂・曼殊院	56	❶	15	北8で一乗寺下り松町❹·一乗寺清水町❷	28·29
上賀茂神社	58	❼	6·10	**9·37**で上賀茂御薗橋❺	8
北野天満宮	62	❷	4·6	**205·204**で北野白梅町バス停(P62.P81)	11·11
		❷	15	102(土休日運行)で北野天満宮前❶	11
金閣寺	64	❷	4·6、15	**205·204**、102(土休日運行)で金閣寺道❷	5～6
		❷	8、30	**12**、109(GW·秋の繁忙期)で金閣寺道❶	6、5
龍安寺 仁和寺	66 80	千本北大路	7	**59**で龍安寺前❷·御室仁和寺❹	9·11
		❷	30	109(GW·秋の繁忙期)で龍安寺前❷·御室仁和寺❹	9·13
妙心寺		❷	4·6、15+15	**205·204**、102(土休日運行)で北野白梅町(P62.P81)継**10·26**で妙心寺北門前❼	11～+4
広隆寺 映画村	68	❷	4+10	**205**で西大路三条(巻頭路線図E.P83)継**11**で太秦広隆寺前❻	21+12
		❷	4·6+5	**205·204**で西ノ京円町(巻頭路線図B.P82)継91·93·京都バス臨丸太町で太秦映画村道(常盤仲之町)❷	15+9
嵐山 嵯峨野 大覚寺	70 72	❷	4～+10	西ノ京円町継93で嵐山天龍寺前❶(土休日は❷)	15+24～
		❷	4～+10	西ノ京円町継93で嵯峨小学校前❽(土休日は❼)	15+21～
		❷	4～+10	西ノ京円町(P82)継91で大覚寺❶	15+25
		❷	30	109(GW·秋の繁忙期)で大覚寺❶、嵐山❹	28、37
松尾大社	74	❷	4～+10～	**205**で西大路四条(巻頭路線図E.P82)継**28·29**で松尾大社前❹·❷	23+17
伏見稲荷	76	❹	2～+30	京都駅前(P18)継南5等で稲荷大社前❶	31+16

北野天満宮

きたのてんまんぐう

❶❷北野天満宮前
❽❾北野白梅町

あんじょうお行きやす、天神さん

北野天満宮は、菅原道真の霊を慰めるために創建された。道真が亡くなったのが丑(うし)の年、丑の日、丑の刻とされ、あちこちに牛の像があり、頭をなでると頭が良くなるという。全国受験生の合格祈願で有名。豊臣秀吉が1587年（天正19）に催した北野大茶湯はもとより、出雲阿国の「ややこい踊り」で歌舞伎発祥の地としても知られる当宮は、毎月25日には参道に露店が並ぶ「**天神さん**」が行われ、梅の名所でもある。（参拝自由）

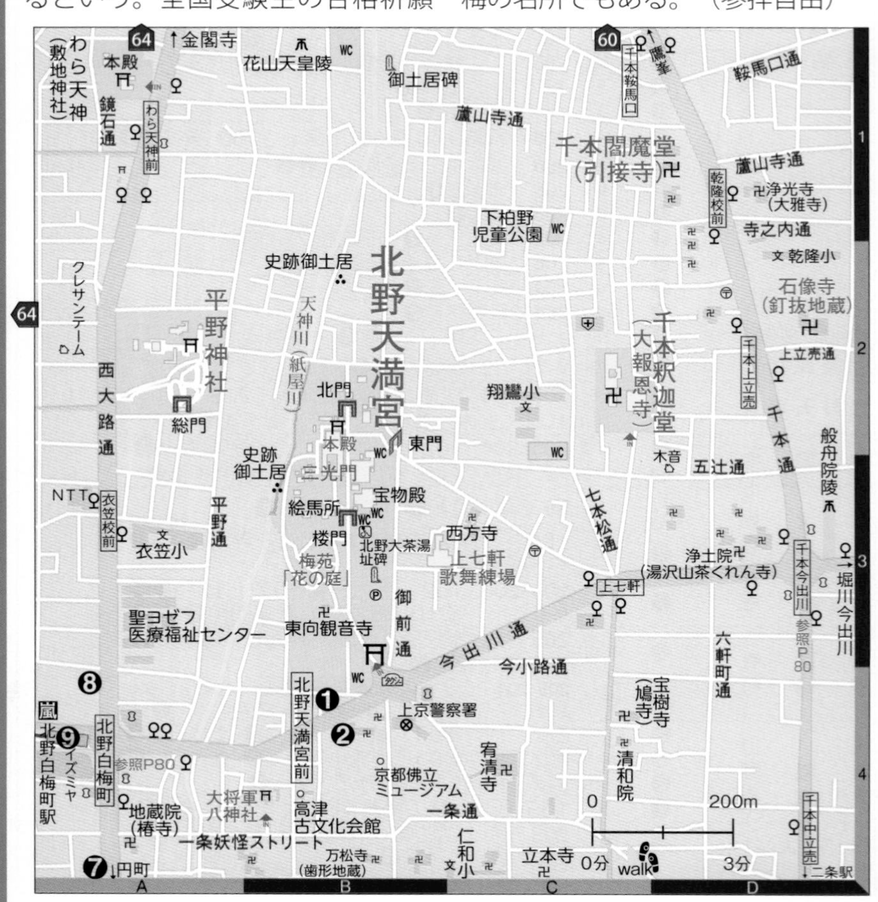

目的地	参照頁	乗り場	待ち時分	アクセスと下車バス停 ※太字は1時間に4便以上(昼間)	乗車時分
京都駅	18	❶	8	**50**で京都駅前市バス降り場	35
東本願寺	20			京都駅から徒歩9分	
西本願寺		❶	6+6	**203**で堀川今出川❸(P36)継**9**で西本願寺前❶	8+19
京都水族館 東寺	22	❶	8+5	**50**で四条堀川(P28)継**207**で七条大宮・京都水族館前バス停、東寺東門前❷	23+10、12
四条河原町	24	❶	10・30	10・51で四条河原町❶	28
四条烏丸	26	❶	30・15	52・55で四条烏丸❽	24
四条大宮	28	❶	30・15	52・55で四条大宮❾	18
壬生寺		❷	6	**203**で壬生寺道⓱	19
河原町三条	30	❶	10・30	10・51で河原町三条❶(51は❸)	25
京都御所	32	❶	30	51で烏丸一条バス停	13
		❶	6、15	**203**、102(土休日運行)で烏丸今出川❷	12、12
下鴨神社	34	❶	6、15、+4～	**203**、102(土休日運行)で河原町今出川(P34)継**205**・**1**・**4**・**特4**で下鴨神社前❷	16～+6
西陣	36	❶	6、15	**203**、102(土休日運行)で堀川今出川❸	8、8
二条城	38	❶	8	**50**二条城前❺	16
東福寺 泉涌寺	40	❷	6+6	**203**で西ノ京円町(巻頭路線図B.P82)継**202**(南行)で東福寺❸・泉涌寺道❶	6+41・43
三十三間堂 清水寺	42 44	❶	6、15+6	**203**、102(土休日運行)で百万遍(巻頭路線図C.P82)継**206**で清水道❶・博物館三十三間堂前❷	20+17・24
祇園	46	❷	6	**203**で祇園❺	40
		❶	6	**203**で祇園❷	42
知恩院・青蓮院	48	❶	6	**203**で東山三条❷・知恩院前バス停	37・39
平安神宮	50	❶	6	**203**で岡崎道⓰	33
南禅寺・永観堂	52	❶	6	**203**で東天王町❺	31
銀閣寺	54	❶	6、15	**203**、102(土休日運行)で銀閣寺道❷	26、27
詩仙堂・曼殊院	56	❶	6、15+5	銀閣寺道(P54)継**5**で一乗寺下り松町❹・一乗寺清水町❷	26+7・9
上賀茂神社	58	❶	6+6	**203**で堀川今出川❸(P36)継**9**で上賀茂御薗橋❺	8+13
大徳寺	60	❽	4・6	**205**・**204**で金閣寺道❸・大徳寺前❶	5・11
金閣寺	64	❷	15	102(土休日運行)で金閣寺道❸・大徳寺前❶	8・13
龍安寺 妙心寺 仁和寺 高雄	66 79	❷	8～	**50**・**51**・**52**・**55**で立命館大学前❽(徒歩11分又は市バス**59**で龍安寺前❷・御室仁和寺❹)	8(+1・5)
		❷	10	10で妙心寺北門前❼・御室仁和寺❹	6・10
		❼	30	JRバス(立命大経由)で龍安寺前❷・御室仁和寺❹、JRバス全系統で高雄❸・栂ノ尾❻	6・8・24・26
映画村 広隆寺	68	❷	6+10・10	**203**で西ノ京円町(路線図E.P82)継市バス91・93・京都バス臨丸太町で太秦映画村道(常盤仲之町)❷	6+9
		❷	6+10	**203**で西大路三条(巻頭路線図E.P83)継**11**で太秦広隆寺前❻	12+12
嵐山	70	❷	6+10	西ノ京円町継93で嵐山天龍寺前❶(土休日は❷)	6+24～
嵯峨野	72	❷	6+10	**203**で西ノ京円町(P82)継93で嵯峨小学校前❽(土休は❼)	6+21～
大覚寺		❷	6+10	**203**で西ノ京円町継91で大覚寺❶	6+25
松尾大社	74	❷	6+15	**203**で西大路四条(P83)継28・29で松尾大社前❹・❷	14+17
伏見稲荷	76	❶	8～+30	京都駅前(P18)継南5等で稲荷大社前❶	32～+16
伏見桃山	77	❶	8～+15～	京都駅前継81・特81で京橋❸	32～+33～

よみかた 衣笠校(きぬがさこう) 三光門(さんこうもん) 東向観音寺(ひがしむきかんのんじ) 大報恩寺(だいほうおんじ) 石像寺(しゃくぞうじ) 乾隆校前(けんりゅうこうまえ) 引接寺(いんじょうじ) 上七軒(かみしちけん)

金閣寺
きんかくじ

❶〜❸金閣寺道
❹❺金閣寺前（試行休止中）
❻〜❾立命館大学前

あんじょうお行きやす、きぬかけの道

衣笠山のふもと、金閣寺から仁和寺の道を「**きぬかけの道**」と呼ぶ。宇多天皇が真夏に雪見を思いたち、山に白い絹を掛けたことから衣笠山は「きぬかけ山」とも呼ばれ、これにちなむ。

わら天神は安産守護の神。お守りはわらで出来ており、わらに節があれば男、なければ女が授かるという。

原谷
衣笠氷室町
0 200m
0分 walk 3分
不思議不動院
不動寺（浪切不動）
立命館西園寺記念館前
金閣寺 世界文化遺産
安民沢
金閣
鏡湖池
方丈
総門
黒門
鷹ケ峯
鏡石通
千本北大路
大のじ
山信商店（1F）
Zip Cafe（2F）
金閣寺道
立命館大
白河天皇火葬塚
衣笠中
金閣小
わら天神（敷地神社）
わら天神前
衣笠山
龍安寺 世界文化遺産
方丈庭園
府立堂本印象美術館
蘆山寺通
桜木町
衣笠宇多野線（きぬかけの道）
（市バスおりば）
立命館大学前
大珠院
鏡容池
山門
受付
龍安寺前
仁和寺
立命館大学
等持院
馬代通
佐井西通
佐井通
クレサンテーム
立命館大学国際平和ミュージアム
平野神社
総門
清漣亭
芙蓉池
心字池
小松原児童公園前
上立売通
西大路通
二条天皇陵
平野通
NTT
衣笠校前
衣笠小
天神川（紙屋川）
洛星
ヴィアトール学園
聖ヨゼフ医療福祉センター
等持院東町
等持院・立命館大学衣笠キャンパス前駅
龍安寺駅
堀河天皇火葬塚
北野白梅町駅
千本今出川
嵐電北野線
御室仁和寺駅
等持院南町
等持院道
イズミヤ白梅町店
円町
北野白梅町
A B C D
1 2 3 4 5
62
66

目的地	参照頁	乗り場	待ち時分	アクセスと下車バス停 ※太字は1時間に4便以上(昼間)	乗車時分
京都駅 東本願寺	18 20	❷	4	**205**で烏丸七条⓫・京都駅前市バス降り場	34・38
		❸	4~+4	**205・204**、102(土休日)等で北大路BT㊇地下鉄烏丸線(下り)で五条駅・京都駅	12~+11・13
西本願寺	20	❸	4~+6	**205・204・12**で北大路堀川(P60)㊇**9**で西本願寺前❶	8+25
京都水族館	22	❷	4	**205**で梅小路公園・JR梅小路京都西駅前バス停(P22)、七条大宮・京都水族館前バス停(P22.P83)	29・32
東寺	22	❷	4	**205**で同上バス停(東寺東門は南へバス・徒歩12分)	32
四条河原町	24	❸	7・8・4	**59・12・205**で四条河原町❶(**12**は❾、**205**は❸)	33・38・38
四条烏丸	26	❸	8	**12**で四条烏丸❾・四条高倉㉑	30・33
四条大宮 壬生寺	28	❸	8	**12**で四条堀川バス停、四条大宮バス停へ徒歩4分	28
		❷	4~+6	**205・204**で北野白梅町(P62.P81)㊇**203**で壬生寺道⓱	4+17
河原町三条	30	❸	7・4	**59・205**で河原町三条❶(**205**は❷)	30・35
京都御所	32	❸	7	**59**で烏丸今出川❷・府立医大病院前⓫	17・23
下鴨神社	34	❸	4	**205**で下鴨神社前❶	19
西陣	36	❸	8・7	**12・59**等で堀川今出川❺(**59**は❸)	13
二条城	38	❸	8	**12**で二条城前❺	21
東福寺 泉涌寺	40	❷	4+5	**205**で七条大宮・京都水族館前(P22.P83)㊇**207**で東福寺❸・泉涌寺道❶	30+13~
三十三間堂	42	❷	4~+5~	京都駅前(P18)㊇208・86・**206**で博物館三十三間堂前❶	38~+7~
清水寺	44	❷	6+4	**204**で熊野神社前(P50)㊇**206**で清水道❶	29+12
祇園	46	❸	7・8	**59・12**で四条京阪前バス停(P46)(東へ徒歩6分)	35・40
知恩院 青蓮院	48	❷	6+4~	**204**で熊野神社前㊇**206・201**で東山三条❷・知恩院前バス停	29+4・6
平安神宮	50	❷	6	**204**で岡崎道⓯	31
南禅寺・永観堂	52	❷	6	**204**で東天王町❻	33
銀閣寺	54	❷	6、15	**204**、102(土休日運行)で銀閣寺道❸(102は❷)	38、33
		❸	6	**204**で銀閣寺道❷	36
詩仙堂・曼殊院	56	❸	4~+15	**205・204・12**で千本北大路(P60.P81)㊇北8(東行)で一乗寺清水町❷・一乗寺下り松町❹	3~+25・26
上賀茂神社	58	❸	4~+8	千本北大路(P60.P81)㊇**46**で上賀茂神社前❶	3~+12
大徳寺	60	❸	4~	**205・204・12**、102(土休日運行)で大徳寺前❶	5~
北野天満宮	62	❷	4・6	**205・204**で北野白梅町バス停(P62)	5
		❷	15	102(土休日運行)で北野天満宮前❶	6
龍安寺 仁和寺 妙心寺 高雄	66 79	❶	7、30	59、109(GW・秋の繁忙期)で龍安寺前❷・御室仁和寺❹	6・9
		❷	4~+10	**205・204**で北野白梅町(P62.P81)㊇10・26で妙心寺北門前 ❼	4~+4
		❾	30	JRバスで龍安寺前❷・御室仁和寺❹・高雄❸・栂ノ尾❻	1・3・19・21
東映太秦映画村	68	❷	4~+10	**205・204**で西ノ京円町(巻頭路線図B.P82)㊇91・93・京都バス臨丸太町で太秦映画村道(常盤仲之町)❷	9+9
広隆寺・映画村		❷	4+10	**205**で西大路三条(P83)㊇**11**で太秦広隆寺前❻	15+12
嵐山 嵯峨野 大覚寺	70 72	❷	4~+10	**205・204**で西ノ京円町(P82)㊇93で嵐山天龍寺前❶(土休日は❷)	9+24~
		❷	4~+10	**205・204**で西ノ京円町(P82)㊇93で嵯峨小学校前❽(土休日は❼)	9+21~
		❷	4~+10	**205・204**で西ノ京円町(P82)㊇91で大覚寺❶	9+25
		❶	30	109(GW/秋の繁忙期)で大覚寺❶・嵐山❹	23・31
松尾大社	74	❷	4+15~	**205**で西大路四条(巻頭路線図E.P83)㊇28・29で松尾大社前❹・❷	17+17
伏見稲荷	76	❷	4~+30	京都駅前(P18)㊇**南5**等で稲荷大社前❶	38~+16

よみかた 鏡石通(かがみいしどおり) 鹿苑寺(ろくおんじ) 安民沢(あんみんたく) 廬山寺(ろざんじ) 馬代(ばだい) 佐井通(さいどおり) 等持院(とうじいん) 堂本印象(どうもといんしょう)

龍安寺・仁和寺・妙心寺
りょうあんじ　にんなじ　みょうしんじ

❶❷竜安寺前
❸❹❺御室仁和寺
❻❼妙心寺北門前
❽❾妙心寺前

あんじょうお行きやす、御室

　仁和寺の北側には**御室**(おむろ)**八十八カ所巡り**がある。約 3km で所要 2 時間、順路に沿ってお堂が点在する。弘法大師ゆかりの四国八十八ヶ所霊場から霊場の砂を持ち帰り、お堂に埋めたことに始まる。

　双ヶ丘(ならび)は一、二、三の丘と 3 つの丘から成っていて、ふもとには吉田兼好ゆかりの長泉寺がある。

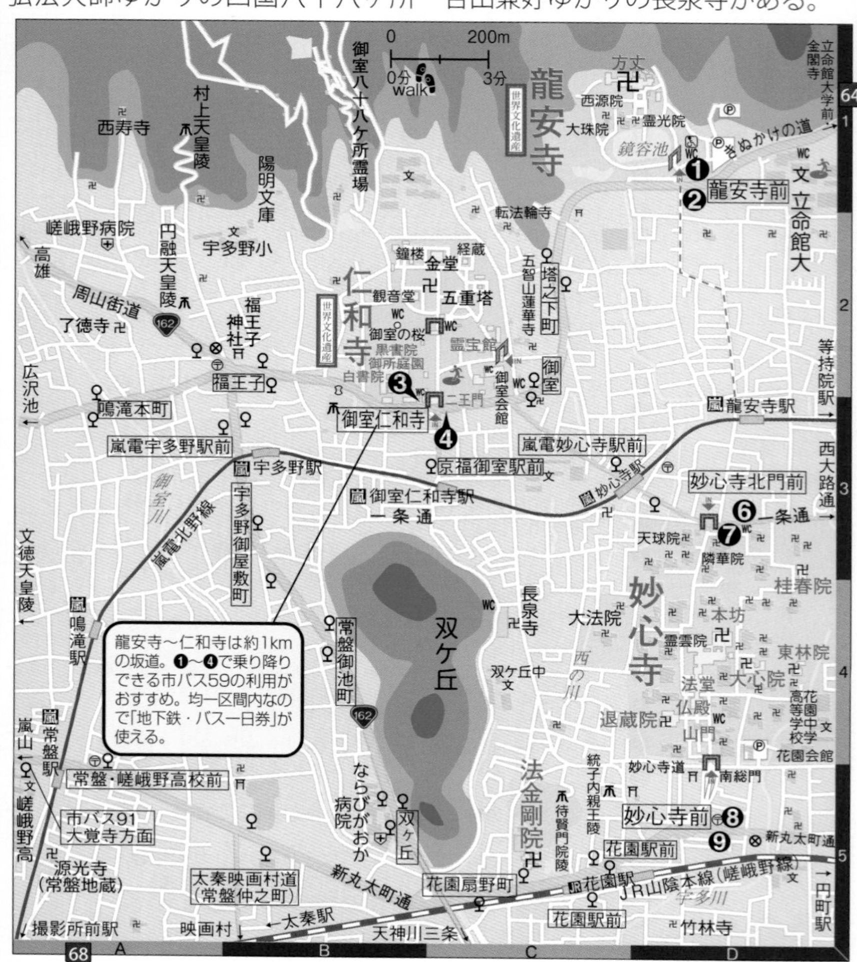

目的地	参照頁	乗り場	待ち時分	アクセスと下車バス停 ※太字は1時間に4便以上（昼間）	乗車時分
京都駅	18	❶❸	7+4	**59**で烏丸今出川❷（P32）継今出川駅から地下鉄烏丸線（下り）で京都駅	23～+10
		❸❻	10、30	26、JRバス（❶も）で京都駅前	40～、36～
東・西本願寺	20	❸❻	10	26で烏丸七条❾	39·36
		❶❸	7+6	**59**で堀川今出川❸（P36）継**9**で西本願寺前❶	19+19
京都水族館 東寺	22	❸❻	10+10～	26で四条大宮（P28）継**207**·18·特18·71で七条大宮·京都水族館前バス停、東寺東門前❷	23+8、10
四条河原町	24	❶❸	7	**59**で四条河原町❶	39·41
		❸❻	10	10で四条河原町❶	39·36
四条烏丸	26	❸❻	10	26で四条烏丸❹	29～
		❽	10	91で四条烏丸❽	27
四条大宮 壬生寺	28	❸❻	10	26で四条大宮❶	23～
		❽	10	91で四条大宮❺	21
河原町三条	30	❶❸	7	**59**で河原町三条❶	36·38
		❸❻	10	10で河原町三条❶	36·33
京都御所	32	❶❸	7	**59**で烏丸今出川❷	25·23
		❽	10	93で烏丸丸太町❼	18
下鴨神社	34	❶❸	7、30+4	**59**、109（GW·秋の繁忙期）で金閣寺道（P64）継**205**で下鴨神社前❶	9～+20
西陣	36	❶❸	7	**59**で堀川今出川❸	19·21
二条城	38	❸❻	10	10で堀川丸太町❸	24·21
		❽	10	93で堀川丸太町❸	14
東福寺 泉涌寺	40	❸❻	10+6	26で西ノ京円町（巻頭路線図B.P82）継**202**南行で東福寺❸·泉涌寺道❶	8～+41～
三十三間堂	42	❶❸❻	10+5	四条河原町継**207**等で東山七条❸	36～+14
清水寺	44	❶❸❻	10+5	四条河原町継**207**等で清水道❶	36～+8
祇園	46	❶❸❻	10+2～	四条河原町継**207·203·201·46**で祇園バス停	36～+4
知恩院 青蓮院	48	❸❻	10+6	10で千本丸太町（P38.P82）継**202**で東山三条❷	18～+19
		❶❸	7+6	**59**で千本今出川（P62.P81）継**201**で東山三条❷	15～+26
平安神宮	50	❽	10	93で岡崎道⓯	28
		❶❸	7+6	**59**で千本今出川（P62.P81）継**201**で東山二条·岡崎公園口⓭	15～+24
南禅寺 永観堂	52	❽	10	93で東天王町❻	30
		❶❸	7+6～	**59**で河原町丸太町（P32.P82）継**204**·93で東天王町❻	30～+8
銀閣寺	54	❸❻	10+6～	10で北野白梅町（P62.P81）継**203**等で銀閣寺道❷	7～+27
		❶❸	7+6～	**59**で千本今出川（P62.P81）継**203**等で銀閣寺道❷	15～+22
詩仙堂·曼殊院	56	❶❸	7+15	**59**で千本北大路（P60.P81）継北8（東行）で一乗寺清水町❷·一乗寺下り松町❹	9+25·26
上賀茂神社	58	❶❸	7+6	**59**で堀川今出川（P36）継**9**で上賀茂御薗橋❺	19+13
		❽	10+6	93で堀川丸太町（P38）継**9**で上賀茂御薗橋❺	14+20
大徳寺	60	❶❸	7+4～	**59**で金閣寺道（P64）継**205·204**で大徳寺前❶	8+6～
		❻	10+4～	10で北野白梅町（P62.P81）継**205·204**で大徳寺前❶	7+11
北野天満宮	62	❸❻	10	10で北野天満宮前❶	8
金閣寺	64	❶❸	7、30	**59**、109（GW·秋の繁忙期）で金閣寺道❸	8·10
広隆寺·映画村	68	❾	10·10	91·93·京都バス臨丸太町で太秦映画村道（常盤仲之町）❷	3
嵐山 嵯峨野	70 72	❷❹ ❼	7～+10	❹❼から10·26で、❷❹から**59**で山越中町（路線図A参照）継**11**で嵐山天龍寺前❶（土休日はバス停角倉町）	8～+12～
		❾	10	93で嵯峨小学校前❽·嵐山天龍寺前❶（土休は❼·❷）	13～·16～
		❾	10	91で大覚寺❶	17
		❶❸	30	109（GW·秋の繁忙期）で大覚寺❶、嵐山❹	15～、23～
高雄	79	❷❹❼	30·30	JRバスで高雄❸·栂ノ尾❻	16～·18～
松尾大社	74	❾	10+15	嵯峨小学校前（P72）継28で松尾大社前❶	13+11

よみかた 五智山蓮華寺（ごちざんれんげじ） 御室（おむろ） 周山（しゅうざん） 鳴滝（なるたき） 常盤仲之町（ときわなかのちょう） 双ケ丘（ならびがおか） 桂春院（けいしゅんいん） 帷子ノ辻（かたびらのつじ）

広隆寺・東映太秦映画村

こうりゅうじ　とうえいうずまさえいがむら

❶❷太秦映画村道
❶❷常盤仲ノ町（京都バ
❸❹太秦映画村前
❺❻太秦広隆寺前

あんじょうお行きやす、太秦

ここはまさに「日本のハリウッド」。かつては3つの撮影所で、年間160本を超す映画が製作されていた。**大映通**沿いにある三吉稲荷社には、「日本映画の父」**牧野省三の顕彰碑**が立つ。

蚕の社は、珍しい三本柱の鳥居と、組み石の神座が目を引く。（境内自由）

常盤の地名は、源義経の母である常盤御前の出生地に由来し、その墓も**源光寺**にある。**常盤地蔵**は「**六地蔵巡り**」の一つ。（参拝自由）

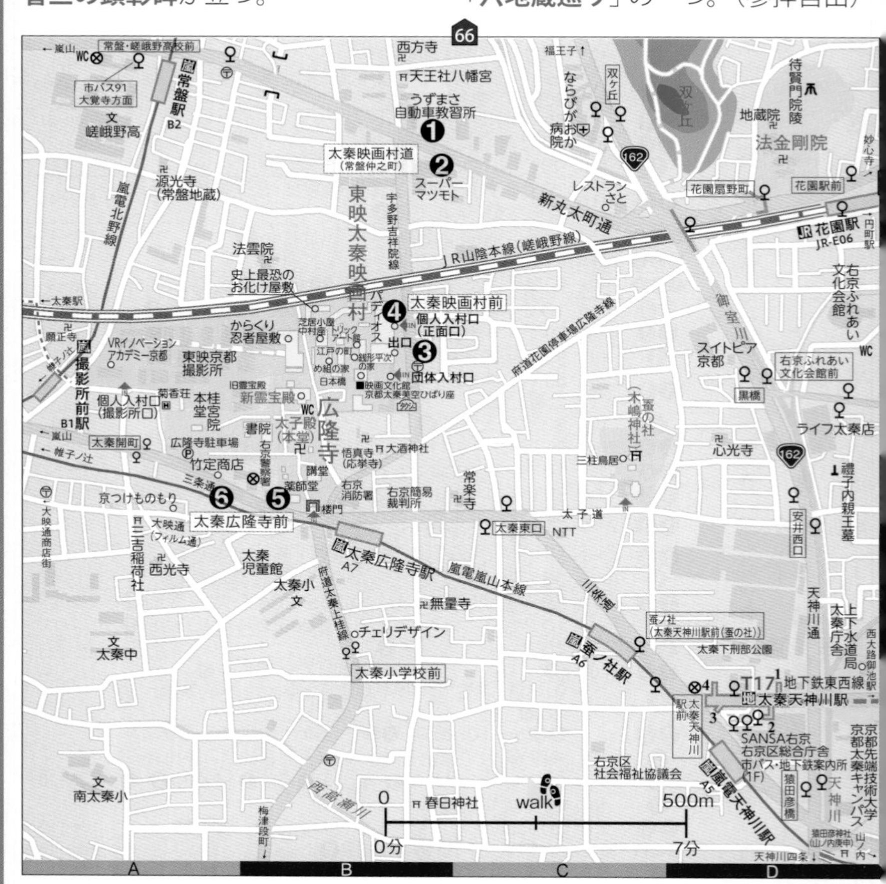

目的地	参照頁	乗り場	待ち時分	アクセスと下車バス停 ※太字は1時間に4便以上(昼間)	乗車時分
京都駅	18	❶	30·30	75·85で京都駅前市バス降り場	32
		❺	10~	京都バス73·76で同上降り場	32
西本願寺	20	❺	10+6	11で四条堀川(P28)継**9**で西本願寺前❶	22+4
東寺	22	❺	10+10	11で西大路四条(P82)継71で東寺東門前❷	11+17
四条河原町	24	❺	10	11で四条河原町❾	30
四条烏丸	26	❺	10	11で四条烏丸❾·四条高倉㉑	24·27
四条大宮	28	❺	10	11で四条大宮❶	18
河原町三条	30			四条河原町から徒歩7分	38
京都御所	32	❶	10	93で烏丸丸太町❼	21
		❺	10+6	11で西大路四条(P83)継**202**で烏丸丸太町❼	11+20
下鴨神社	34	❺	10+4~	四条河原町(P24)継**205·4·特4**で下鴨神社前❷	30+17
西陣	36	❺	10+6	11で四条堀川(P28)継**9**で堀川今出川❼	20+15
二条城	38	❶	10~	93·京都バス臨丸太町で堀川丸太町❸	17
		❺	10+6	11で四条堀川継**9**で二条城前❻	20+5
東福寺·泉涌寺	40	❺	10+6	11で西大路三条(P83)継**202**で東福寺❸·泉涌寺道❶	9+33~
三十三間堂	42	❺	10+6	11で西大路三条継**202**で東山七条❺	9+37
清水寺	44	❺	10+5	四条大宮(P28)継**207**で清水道❶	18+20
祇園	46	❺	10+5~	四条大宮継**207·201·46**で祇園バス停	18+16
知恩院 青蓮院	48	❺	10+6	11で西大路三条(巻頭路線図E.P83)継**203**で知恩院前バス停·東山三条❹	9+25~
平安神宮	50	❺	10+8~	四条大宮(P28)継**46·32**で岡崎公園 ロームシアター京都·みやこめっせ前❹(**46**は岡崎公園 美術館·平安神宮前❶も)	18+23~
		❶	10	93で岡崎道⓯	31
南禅寺 永観堂	52	❶	10	93で東天王町❻	33
		❺	10+5	四条河原町(P24)継**5**で南禅寺·永観堂道❷	24+22
銀閣寺	54	❶	10+5、15	93で東天王町(P52)継**5**、105(土休日運行)で銀閣寺道❸、105は銀閣寺前❶	33+5、6
		❺	10+10	四条大宮(P28)継32で銀閣寺前❶	18+33
詩仙堂 曼殊院	56	❺	10+5	東天王町(P52)継**5**で一乗寺下り松町❹·一乗寺清水町❷	33+12~
上賀茂神社	58	❶	10+6	93で堀川丸太町(P38)継**9**で上賀茂御薗橋❺	17+20
大徳寺	60	❺	10+4	11で西大路三条(P83)継**205**で大徳寺前❶	9+21
西ノ京円町	81	❶❹❺	30~	京都バス63·66で西ノ京円町❷	8~
		❶	10·10	93·91·京都バス臨丸太町で西ノ京円町❷·❸	9
北野天満宮	62	❶❹❺	10~+6	西ノ京円町(巻頭路線図B.P82)継**203**で北野天満宮前❶	9+6
		❺	10+4	11で西大路三条(P83)継**205**で北野白梅町❽	9+10
金閣寺	64	❶❹❺	10~+4~	西ノ京円町(P81)継**205·204**で金閣寺道❸	9+9
龍安寺 仁和寺 妙心寺	66	❶	10~	93·91·京都バス臨丸太町で妙心寺前❽	3
		❶❹❺	10~+15	西ノ京円町(巻頭路線図B.P82)継**15**で立命館大学前❽(龍安寺まで徒歩11分)	9~+10
		❶❹❺	10~+10	西ノ京円町継26で御室仁和寺❹	9~+12
		❶❹❺	30~	京都バス63·66で妙心寺前❽	4·6·8
嵐山 嵯峨野 大覚寺	70·72	❻	10	11で嵐山天龍寺前❷·嵯峨小学校前❼	11·14
		❷	10	93で嵯峨小学校前❽·嵐山天龍寺前❶(土休は❼·❷)	10·13
		❷	10	91で大覚寺❶	14
		❸❻	10~	京都バス63·66·73·76·77(京都バス70番台は❻乗場のみ)で嵐山❹	10~
松尾大社	74	❸❻	10~	京都バス63·73(73は❻乗場のみ)で松尾大社前❷	14~

嵐山

あらし　やま

❶❷嵐山天龍寺前（嵐電嵐山駅前）

❸❹嵐山　＊嵐山の土休日運行は P5・P72 参照

あんじょうお行きやす、嵐山

渡月橋をはさんで上流を大堰川、下流を桂川という。平安時代からの紅葉の名所で、舟遊びなどの行楽地だった。鎌倉時代に後嵯峨上皇が亀山殿を造営し、吉野の桜を移植してからは桜の名所ともなる。

嵐山は地名であり、また渡月橋南側の山でもある。古くは「荒樔山」と呼ばれ、愛宕おろしが嵐の如く、桜や紅葉を散らしてしまうことから、「嵐山」となったという。

大堰川の北側が**小倉山**で、藤原定家がふもとの山荘にて編纂した「小倉山荘色紙和歌」が後の小倉百人一首の原型となった。また、松尾芭蕉が、落柿舎での弟子たちとの思い出を「嵯峨日記」に記したという文学ゆかりの地である。

「源氏物語・賢木の巻」の舞台でもある**野宮神社**は、縁結びの神。平安時代、斎宮に選ばれた皇女が伊勢神宮に向かう前に１年間ここで身を清めたという。（参拝自由）

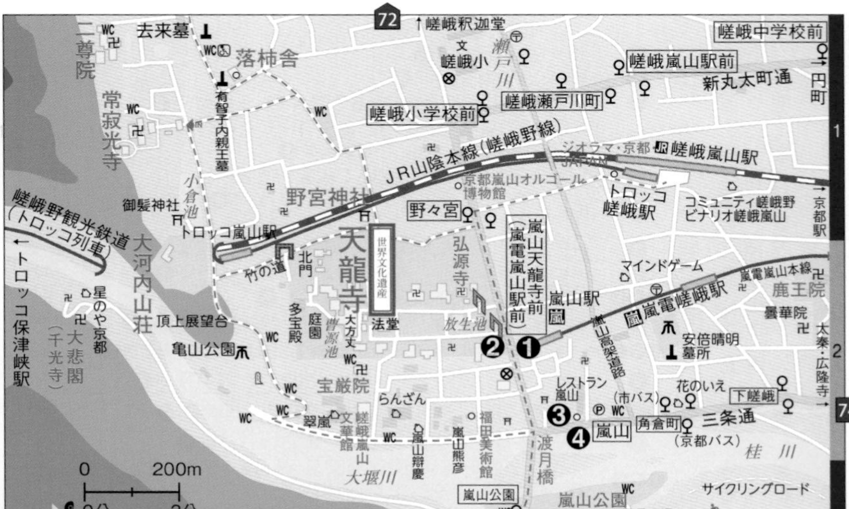

目的地	参照頁	乗り場	待ち時分	アクセスと下車バス停 ※太字は1時間に4便以上(昼間)	乗車時分
京都駅 東・西本願寺	18·20	❶	15	28(土休日は❹からのみ)で西本願寺前❶・京都駅前市バス降り場　＊JR線利用が速い	39〜·46〜
		❸	10〜	京都バス73·76で烏丸七条❾・京都駅前C6	38〜49
京都水族館 東寺	22	❶❸	10〜+4〜	四条大宮(P28)継**207**·71·18·特18で七条大宮・京都水族館前バス停、東寺東門前❷	27〜+8、10
四条大宮 四条烏丸 四条河原町 河原町三条	28·26·24·30	❶❸	10	11(土休日はバス停・角倉町から)で四条大宮❶・四条烏丸❾・四条河原町❾	30〜·36〜·44〜
		❸	30〜	京都バス63·66で河原町三条❸・四条河原町❶	42·45
		❸	10〜	京都バス73·76で四条大宮❶・四条烏丸❹	27·32
		❶	15	28(土休日は❹からのみ)で四条大宮❺	33
京都御所	32	❶❸	10	93(土休日は❷❹からのみ、P71の市バス93のりもの案内は全て同様)で烏丸丸太町❼・河原町丸太町バス停(P32.P82)	33〜·37〜
下鴨神社	34	❶❸	10+4〜	93(同)で河原町丸太町(P82)継**205**·**4**·特4で下鴨神社前❷	37+10〜
		❶❸	15+4〜	下記の西ノ京円町継**205**(北行)で下鴨神社前❶	21+29〜
出町柳 河原町今出川 西陣	34·36	❶❸	10+5	西ノ京円町(路線図B.P82)継**203**(北行)で堀川今出川❸・河原町今出川❸・出町柳駅前バス停	35〜·43〜·45〜
		❶❸	10+5	堀川丸太町(P38)継**9**で堀川今出川❼・堀川寺ノ内❷	36·38
二条駅 二条城	38	❶❸	10	93(土休日は❷❹からのみ乗車)で堀川丸太町❸	29〜
		❸	30〜	京都バス63·66で二条駅前❾・堀川御池❼	29·33
祇園 清水寺 八坂神社 知恩院 平安神宮 永観堂	46 44 48 50 52	❶❸	10+5〜	四条大宮(P28)継**207**で祇園❶・東山安井・清水道❶	21+16〜
		❶❸	10+6〜	四条大宮継**46**·**201**で祇園❺・知恩院前バス停	21+16〜
		❶❸	10	93(上記同)で熊野神社前❽・岡崎道⓯・東天王町❻	42〜·44〜·46〜
		❶❸	7+6〜	四条大宮(P28)継**46**·32で岡崎公園 ロームシアター京都・みやこめっせ館前❹(市バス**46**は岡崎公園 美術館・平安神宮前❶も)	27〜+25〜
銀閣寺	54	❶❸	10+5〜	西ノ京円町(巻頭路線図B.P81)継**203**(北行)・**204**(東行)で銀閣寺道❷(市バス**204**は❸)	21+31〜
上賀茂神社	58	❶❸	10+5	上記の堀川丸太町(P38)継**9**で上賀茂御薗橋❺	29〜+20
大徳寺	60	❶❸	10+4〜	西ノ京円町(P82)継**205**·**204**(北行)で大徳寺前❶	21+15〜
西ノ京円町 (円町駅前)	81	❶❸	30〜·10	京都バス63·66(京都バスは❸からのみ)、市バス93(上記同)で西ノ京円町❷	21〜
北野天満宮	62	❶❸	10+5	西ノ京円町(P82)継**203**(北行)で北野天満宮前❶	21+5
金閣寺 大徳寺	60 64	❷	10+7	11で山越中町(巻頭路線図A)継59で金閣寺道❸	11+17
		❶❸	10+4〜	西ノ京円町継**205**·**204**(北行)で金閣寺道❸、大徳寺前❶	21+9、15
		❷❹	30	109(GW·秋の繁忙期)で金閣寺道❸、大徳寺前❶	30〜、35〜
妙心寺	66	❶❸	30〜·10	京都バス63·66(京都バスは❸からのみ)、市バス93(上記同)で妙心寺前❽	17〜、15
龍安寺 仁和寺	66	❷	10+7〜	11で山越中町(巻頭路線図A参照)継10·26·59で御室仁和寺❸、龍安寺前❶(59のみ)	11+7、11
		❷❹	30	109(GW·秋の繁忙期)で御室仁和寺❸、龍安寺前❶	24〜、27〜
広隆寺 東映太秦映画村	68	❶❸	10·10	93(土休は❷❹から乗車)·11(土休は角倉町バス停から乗車)で太秦映画村道❶(11は太秦広隆寺前❺)	14·12
		❸	30〜	京都バス63·66で太秦広隆寺前❺·太秦映画村前❹	9·11
		❸	10〜	京都バス73·76で太秦広隆寺前❺	11
嵯峨野 大覚寺	72	❷	15、30	28、109(GW·秋の繁忙期)で嵯峨小学校前❼·嵯峨釈迦堂前❻·大覚寺❶	4·6·9
		❷	30·15	京都バス92·94で嵯峨小学校前❼·嵯峨釈迦堂前❻、大覚寺❷(94のみ)	4·6·9
松尾大社 鈴虫寺	74	❶	15	28(土休日は❹からのみ乗車)で松尾大社前❶	9
		❹	30·10	京都バス63·73で松尾大社前❷、苔寺·すず虫寺バス停	8、12

よみかた　二尊院(にそんいん)　落柿舎(らくししゃ)　常寂光寺(じょうじゃっこうじ)　渡月橋(とげつきょう)　角倉町(すみのくらちょう)　大堰川(おおいがわ)　保津川(ほづがわ)　大悲閣(だいひかく)(千光寺(せんこうじ))

嵯峨野・大覚寺
さがのだいかくじ

❶❷大覚寺
❸鳥居本(京都バス)
❺❻嵯峨釈迦堂前
❼❽⓫嵯峨小学
❾❿嵯峨瀬戸川

あんじょうお行きやす、嵯峨野

大沢池は日本最古の人工の林泉。嵯峨天皇が離宮と共に造らせた。周囲には茶室や塔、石仏、名古曽の滝跡などがあり、名月観賞の地としても有名。(文化財協力維持金200円)

愛宕神社の一の鳥居付近は、「鳥居形」に送り火を奉仕することから**鳥居本**と呼ばれる。明治に建てられた民家が**京都市嵯峨鳥居本町並み保存館**として公開されている。

嵯峨・嵐山地区(P70〜74):土休日の路線変更について

嵯峨天龍寺前を南下するバス系統(市バス11・28・85・93、京都バス92・94の南行)は、土休日の場合嵐山高架道路へ迂回します。P5の図示も参照下さい。
＊2023年は、11月平日も適用されました。今年(2024)も、市交通局 HP 等でご確認下さい。

【乗車について】
「嵯峨野・大覚寺(P72)」バス停❽の利用は⓫へ変更。

「嵐山(P70)」バス停❶の利用は、下記に変更。
市バス11・28・85・93:❷又は❹
京都バス92・94:❸

【降車について】
「嵐山(P70)」バス停❶の利用は、下記に変更。
市バス11・28・85・93:❷又は❹
京都バス92・94:❹

目的地	参照頁	乗り場	待ち時分	アクセスと下車バス停 ※太字は1時間に4便以上(昼間)	乗車時分
京都駅	18	❶❺⓫	15	28(⓫は土休日のみ)で京都駅前市バス降り場	49
		❶❽	15	28で同(❽は平日のみ)＊JR線利用がおすすめ	53・49
西本願寺	20	❶	15	28で西本願寺前❶、(❽⓫乗り場は上記参照)	46
京都水族館 東寺	22			下記四条大宮(P28)継**207**・71等で七条大宮・京都水族館前バス停、東寺東門前❷	32〜42+8、10
四条河原町 四条高倉 四条烏丸	24・26・28	❶❺❾	30	91で四条大宮❺・四条烏丸❽	32〜・38〜
		❽❿	10	11(平日のみ)で四条大宮❶・四条烏丸❾・四条高倉㉑・四条河原町❾	41〜・47〜・50〜・53〜
四条大宮	28	❶❺❽	15	28(平日のみ)で四条大宮❺	41・38・36
河原町三条				河原町三条は、四条河原町から徒歩7分	
烏丸丸太町 京都御所	32	❾	10〜	93・京都バス臨丸太町で烏丸丸太町❼・河原町丸太町バス停	30・34
西陣	36	❾	10+6〜	93・京都バス臨丸太町で堀川丸太町(P38)継**9**・12で堀川今出川❼・堀川寺ノ内バス停	25+7・9
堀川丸太町 二条城	38	❾	10〜	93・京都バス臨丸太町で堀川丸太町❸(二条城へ徒歩8分)	25
清水寺	44		15+5	四条烏丸(P26)継**207**で清水道❶	39〜+14
祇園	46		15+5〜	四条烏丸継**207**・**201**・**203**・**46**で祇園バス停	39〜+10
平安神宮 永観堂	50・52	❾	10	93で熊野神社前❽・岡崎道⓯・東天王町❻	38・40・42
銀閣寺	54	❶	15+8	91で西ノ京円町(P82)継**203**で銀閣寺道❷	22+31
詩仙堂・ 曼殊院	56	❶	10+5	東天王町(P52)継**5**で一乗寺下り松町❹・一乗寺清水町❷	41+12〜
大徳寺	60	❶	10+8	91で西ノ京円町継**204**で大徳寺前❶	22+15
北野天満宮	62	❶	10+8〜	91で西ノ京円町(巻頭路線図B.P81)継**204**・15で北野白梅町❸	22+4
西ノ京円町 円町駅前	81	❾	10・10〜	93・91・京都バス臨丸太町で西ノ京円町❷(市バス91は❸)	18
金閣寺	64	❼❾	10+7	11で山越中町(巻頭路線図A)継**59**で金閣寺道❸	7〜+17
		❶	10+6	91で西ノ京円町(P82)継**204**で金閣寺道❸	22+9
金閣寺・大徳寺	60・64	❶	30	109(GW・秋の繁忙期)で金閣寺道❸、大徳寺前❶	22、27
妙心寺	66	❶❺❾	15	91(❾は市バス93・京都バス臨丸太町も)で妙心寺前❽	16・13
龍安寺 仁和寺	66	❼❾	10+10〜	11で山越中町(巻頭路線図A)継10・26・**59**で御室仁和寺❸、龍安寺前❶(**59**のみ)	7+7、11
		❶	30	109(GW・秋の繁忙期)で御室仁和寺❸・龍安寺前❶	13・16
広隆寺 東映太秦映画村	68	❶❺❾	10・(10)	91(❾は市バス85・93・京都バス臨丸太町も)で太秦映画村道(常盤仲之町)❶	13・10・9
		❽❿	10	11で太秦広隆寺前❺(土休日は❿からのみ)	17・18
嵐山	70	❽	30	京都バス92・94で嵐山天龍寺前(嵐電嵐山駅前)❶	7
		❶❺❽	15	28で嵐山天龍寺前❶(28の土休日は❶❺⓫から嵐山❹のみ)	8・5・3
		❽❿	10・30・10	11・85・93で嵐山天龍寺前❶・嵐山❸(土休日は❿から85・93で嵐山❹・嵐山天龍寺前❷)	3〜6
		❶	30	109(GW・秋の繁忙期)で嵐山❹・嵐山天龍寺前❷	8・9
松尾大社	74	❶❺❽	15	28で松尾大社前❶(土休は❶❺⓫から)	10〜14
苔寺・鈴虫寺			10〜+15〜	嵐山(P70)継京都バス63・73で苔寺・すず虫寺❼	3〜+12

よみかた 直指庵(じきしあん) 清涼寺(せいりょうじ) 清滝(きよたき) 化野(あだしの) 愛宕念仏寺(おたぎねんぶつじ) 愛宕神社(あたごじんじゃ) 宝筐院(ほうきょういん) 厭離庵(えんりあん)

松尾大社

まつのおたいしゃ

❶〜❹松尾大社前
❺❻松尾橋

あんじょうお行きやす、松尾さん

嵐山から松尾に至るまでの山裾沿いには、寺社が散在し、東海自然歩道となっている。

松尾大社はお酒の神様として知られ、全国から酒樽が奉納され、お酒の資料館もある。5月には境内を山吹が黄色に染め上げ見事。

車折(くるまざき)**神社**の境内には芸能神社もあり、かつて撮影所が集まっていた場所柄もあってか、玉垣に映画俳優や歌手の名も多く見られる。

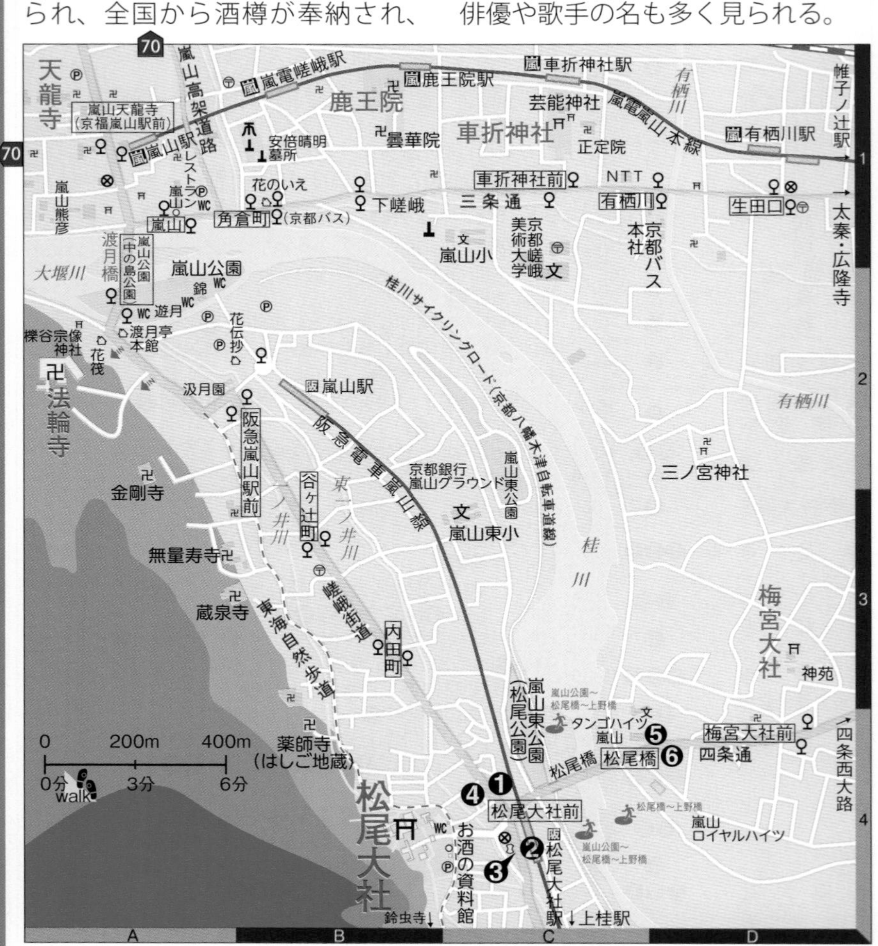

目的地	参照頁	乗り場	待ち時分	アクセスと下車バス停 ※太字は1時間に4便以上(昼間)	乗車時分
京都駅 東・西本願寺	18・20	❶❺	15	28で西本願寺前❶・七条堀川❸・京都駅前市バス降り場	28～・30～・35～
京都水族館 東寺	22	❺	10	71で七条大宮・京都水族館前バス停、東寺東門前❷	30、32
四条河原町	24	❺	5	**3**で四条河原町⓫	33
四条烏丸	26	❺	5・15	**3**・29で四条烏丸❾(29は❽)、四条高倉㉑(**3**のみ)	27～、30
四条大宮	28	❺	5～	**3**・71・28・29で四条大宮バス停(28は❶、29は❸乗場からも、以下28・29は同様)	21～
河原町三条	30	❺	5	**3**で河原町三条❽	35
京都御所	32	❺	5	**3**で府立医大病院前⓬	41
		❺	5～+6	四条大宮(P28)継市バス**201**で烏丸今出川❷	21～+22
下鴨神社	34	❺	5	**3**で出町柳駅前バス停(神社へ徒歩で15分)	47
		❺	5～+4	**3**・71・28・29で西大路四条(巻頭路線図E.P83)継**205**で下鴨神社前❶	15+37
西陣	36	❺	5～+5～	**3**・28・29で四条堀川(P28)継**9**・**12**・**201**で堀川今出川バス停(28は❶、29は❸乗場からも)	24+12～
二条城	38	❺	5～+5～	**3**・28・29で四条堀川継**9**・**12**・**50**で二条城前❻	24+5
東福寺・泉涌寺	40	❺	5～+5	四条大宮(P28)継**207**で東福寺❸・泉涌寺道❶	21+21～
三十三間堂	42	❺	5～+5	四条大宮継**207**で東山七条❺	21+25
清水寺	44	❺	5～+5	四条大宮継**207**で清水道❶	21+20
祇園	46	❺	5～+5～	四条大宮継**207**・**201**・**46**で祇園バス停	21+16
知恩院 青蓮院	48	❺	5～+6～	四条大宮継**201**・**46**で東山三条バス停	21+20
平安神宮	50	❺	5～+8・10	四条大宮(P28)継**46**・**32**で岡崎公園 ロームシアター京都・みやこめっせ前❹(市バス**46**は岡崎公園 美術館・平安神宮前❶も)	21+23～
南禅寺	52	❺	5～+5	四条河原町(P24)継**5**で南禅寺・永観堂道❷	28+23
銀閣寺	54	❺	5～+10	四条大宮継32で銀閣寺前❶	21～+33
詩仙堂・ 曼殊院	56	❺	10+5	**3**で四条河原町(P24)継**5**で一乗寺下り松町❹・一乗寺清水町❷	33+31～
上賀茂神社	58	❺	5～+5	**3**・28・29で四条堀川(P28)継**9**で上賀茂御薗橋❺	24+28
大徳寺	60	❺	5～+4	西大路四条(P83)継**205**で大徳寺前❶	15+23
北野天満宮	62	❺	5～+4	西大路四条継**205**で北野白梅町❽	15+12
金閣寺	64	❺	5～+4	西大路四条継**205**で金閣寺道❸	15+17
龍安寺 仁和寺	66	❺	5～+4+7	西大路四条(巻頭路線図E.P83)継**205**でわら天神前(P64)継**59**で龍安寺前❷・御室仁和寺❹	15+15+9・13
仁和寺		❺	5～+10	**3**・71・28・29で西大路四条継26で御室仁和寺❹	15+20
妙心寺		❺	5～10	西大路四条継91で妙心寺前❾	15+12
広隆寺 映画村	68	❺	5～+10	**3**・71・28・29で西大路四条継11で太秦広隆寺前❻	15+14
		❸	30・15	京都バス63・73で太秦広隆寺前❺	16
嵐山	70	❸	30・15	京都バス63・73で嵐山❸	7
		❹	15	28で嵐山天龍寺前❷	8
嵯峨野・大覚寺	72	❹	15	28で嵯峨小学校前❼・大覚寺❶	11・16
伏見方面		❺		京都駅前(P18)乗換	

洛中 洛東 洛北 洛西 洛南

よみかた 桂川(かつらがわ) 梅宮大社(うめのみやたいしゃ) 有栖川(ありすがわ) 車折神社(くるまざきじんじゃ) 鹿王院(ろくおういん) 曇華院(どんげいん) 下嵯峨(しもさが) 角倉町(すみのくらちょう)

伏見稲荷
ふしみいなり

❶❷稲荷大社前

目的地	参照頁	乗り場	待ち時分	アクセスと下車バス停 ※太字は1時間に4便以上(昼間)	乗車時分
京都駅	18	❷	15	南5で京都駅前	16
西本願寺	20	❷	15+5~	京都駅前(継)市バス**9·28**で西本願寺前❷	14+6
四条河原町	24	❷	15+4~	京都駅前(継)**205·4·5·7**で四条河原町	14+14~
四条烏丸	26	❷	15+5~	京都駅前(P18)(継)**5·26**で四条烏丸バス停	14+11~
四条大宮	28	❷	15+4~	京都駅前(継)**206**·26·28で四条大宮バス停	14+13~
東福寺	40	❷	15	南5で十条相深町バス停(東へ徒歩5分で東福寺)	1
三十三間堂	42	❷	15+5~	京都駅前(継)**206**·208等で博物館三十三間堂前❶	14+9~
清水寺	44	❷	15+5~	京都駅前(継)**206**·86·EX100等で五条坂❼	14+10~
祇園	46	❷	15+5~	京都駅前(P18)(継)**206**·86·EX100等で祇園バス停	14+13~
京都市青少年科学センター	76	❶	15	南5で青少年科学センター前バス停	5
地近竹田駅	76	❶	15	南5で竹田駅東口バス停	8
伏見桃山	77	❶	15	南5で京橋❸	25

よみかた 石峰寺(せきほうじ) 宝塔寺(ほうとうじ) 瑞光寺(ずいこうじ) 深草(ふかくさ)

伏見桃山
ふしみ　ももやま

❸❹京橋

目的地	参照頁	乗り場	待ち時分	アクセスと下車バス停 ※太字は1時間に4便以上(昼間)	乗車時分
京都駅	18	❹	15·30	81·特81·特南5で京都駅前	34～
西本願寺	20	❹	15～+5～	京都駅前継市バス**9·28**で西本願寺前❷	34～ +6
東寺	22	❹	30	19で九条大宮❻	25
四条河原町	24	❹	15～+4～	京都駅前継**205·4·特4·5·7**等で四条河原町	34～ +14～
四条烏丸	26	❹	15～+5～	京都駅前(P18)継5(四条通経由)·26で四条烏丸バス停	34～ +11～
四条大宮	28	❹	15～+4～	京都駅前継**206**·26·28で四条大宮バス停	34～ +13～
東福寺 泉涌寺	40	❹	15～ +5～	81·特81·19で地下鉄九条駅前(大石橋)(P83) 継市バス**207·202**·208で東福寺❸·泉涌寺道❶	27～ +4～
三十三間堂	42	❹	15～ +5～	81·特81·19で地下鉄九条駅前(大石橋)継**207·** **202**で東山七条❺、**208**で博物館三十三間堂前❷	27～ +8～
伏見稲荷	76	❹	30	南5で稲荷大社前❷	26
地 近 竹田駅		❹	30	81で竹田駅東口バス停	15
城南宮		❹	30	19で城南宮バス停	14

よみかた　丹波橋(たんばばし)　中書島(ちゅうしょじま)　御香宮(ごこうのみや)　観月橋(かんげつきょう)　向島(むかいじま)

その他の名所 岩倉

❺ 岩倉実相院
❻❼ 幡枝くるすの公園前
❽❾ 西幡枝(円通寺前)

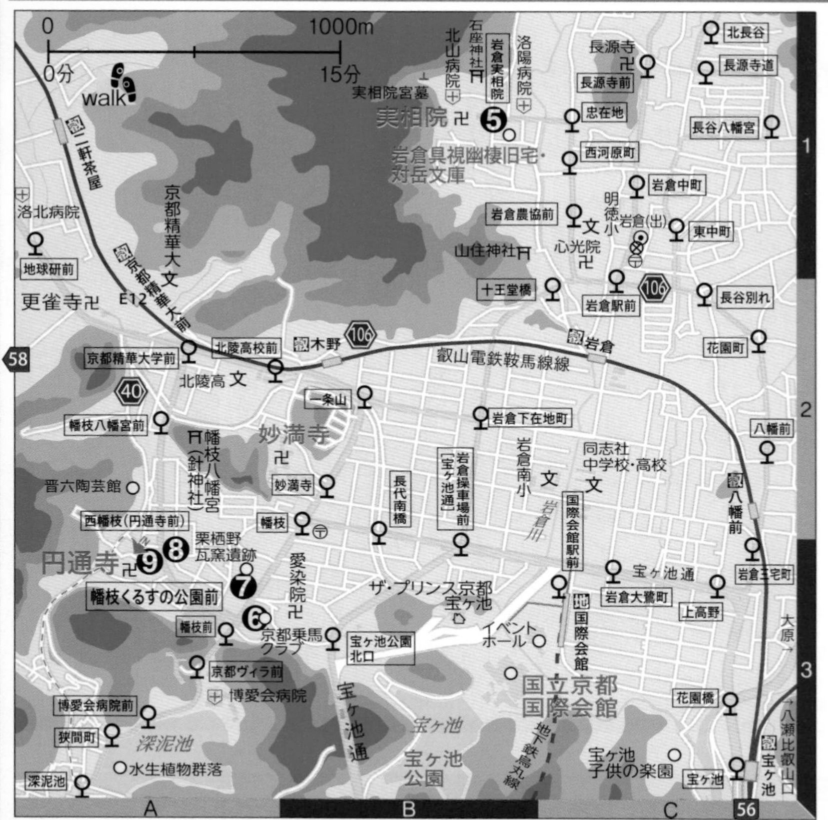

目的地	参照頁	乗り場	待ち時分	アクセスと下車バス停 ※太字は1時間に4便以上(昼間)	乗車時分
京都駅	18	❺❽	15~+4	国際会館駅前㊇地下鉄烏丸線で京都駅	5~+20
四条烏丸	26	❺❽	15~+4	国際会館駅前㊇地下鉄烏丸線で四条駅	5~+16
京都御所	32	❺❽	15~+4	国際会館駅前㊇地下鉄烏丸線で今出川駅	5~+10
平安神宮	50	❺❽	15~+5	国際会館駅前㊇市バス**5**で岡崎公園 美術館・平安神宮前❶	5~+29
南禅寺	52	❺❽	15~+5	国際会館駅前㊇市バス**5**で南禅寺・永観堂道❶	5~+25
銀閣寺	54	❺❽	15~+5	国際会館駅前㊇市バス**5**で銀閣寺道❷	5~+19
詩仙堂 曼殊院	56	❺❽	15~+5	国際会館駅前㊇市バス**5**で一乗寺清水町❶・一乗寺下り松町❸	5~+9・10
大原	80	❺❽	15~+10~	国際会館駅前㊇京都バス19・特17	22
国際会館駅	78	❺	15	京都バス24で国際会館駅前バス停	13
国際会館駅	78	❽	30	京都バス特40で国際会館駅前バス停	5

その他の名所 高雄

❶❷❸ 高雄
❹ 西山高雄(京都バス)
❺❻ 栂ノ尾

目的地	参照頁	乗り場	待ち時分	アクセスと下車バス停 ※太字は1時間に4便以上(昼間)	乗車時分
京都駅	18	❶❺	30~	JRバス全系統で京都駅前JRバス降り場	52~54
四条大宮 四条烏丸	28 26	❷❺	30	8で四条大宮❾・四条烏丸❽	45~・51~
		❶❺	30~	JRバスで四条大宮❸	37~39
京都御所 下鴨神社 西陣	32 34 36	❶❺	30+5	北野白梅町(P62)継**203**で堀川今出川❸・烏丸今出川❷・河原町今出川❸・出町柳駅前バス停(P34)	35~・39~43~・45~
		❶❺	30+4	北野白梅町(P62)継**205**で下鴨神社前❶	26+25
二条城・二条駅	38	❶❺	30~	JRバスで二条駅前バス停(二条城へは徒歩15分)	33~35
清水寺・祇園	44 46	❶❷ ❺	30+6~	四条大宮(P28)継市バス**46・201・203**で祇園・五条坂・清水道各バス停	52+17~
平安神宮 永観堂	50 52	❶❺	30+6~	北野白梅町(P62.P81)継**204**で熊野神社前バス停・岡崎道⓯・東天王町❻	26+24~28
銀閣寺	54	❶❺	30+5~	北野白梅町継**203**等で銀閣寺道❷	26+27
北野天満宮	62	❶❺	30	JRバス(立命館大経由)で北野白梅町バス停	24・26
金閣寺 龍安寺・仁和寺 妙心寺	64 66	❶❺	30	JRバス(立命館大経由)で御室仁和寺❸・龍安寺前❶・立命館大学前❼・わら天神前バス停(金閣寺最寄停)(P64)	15~24
		❶❺	30	JRバス(立命館大経由を除く)で御室仁和寺❸・妙心寺北門前❻	15~・18~
嵐山	70	❶❺	30+6~ +7	御室仁和寺(P66)継**10・26・59**で山越中町(巻頭路線図A参照)継**11**で嵯峨小学校前❽・嵐山天龍寺前❶(平日のみ)、土休日は嵯峨瀬戸川町❿・角倉町バス停	15~ +8~+7~

その他の名所

大原

❶ 大原

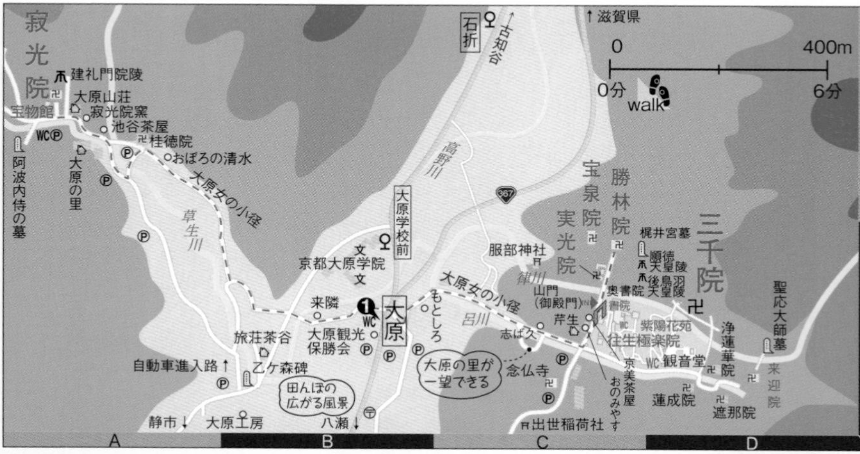

目的地	参照頁	乗り場	待ち時分	アクセスと下車バス停 ※太字は1時間に4便以上(昼間)	乗車時分
京都駅	18	❶	10·30	京都バス17·特17で京都駅前(C3)	65·75
		❶	15·30+4	京都バス19·特17で国際会館駅前(巻頭路線図参照)継地国際会館駅から地下鉄烏丸線で地京都駅	22+20
四条河原町	24	❶	15·30	京都バス17·特17で四条河原町❶	48·58
四条烏丸	26	❶	15·30	京都バス17·特17で四条高倉㉒·四条烏丸❹	52~·55~
			15+4	地国際会館駅から地下鉄烏丸線で地四条駅	22+16
河原町三条	30	❶	10·30	京都バス17·特17で三条京阪前(B5)·河原町三条❸	42~·45~
京都御所	32	❶	15+4	国際会館駅前(巻頭路線図参照)継地国際会館駅から地下鉄烏丸線で地今出川駅	22+9
二条城 二条駅	38	❶	15+4+4	三条京阪前(B5)(巻頭路線図参照)継地三条京阪駅から地下鉄東西線〔下り〕で地二条城前駅·地二条駅	42~+6·8
		❶	15+4+4	国際会館駅前継地国際会館駅から地下鉄烏丸線地烏丸御池駅継地下鉄東西線〔下り〕で地二条城前駅·地二条駅	22+13+2·4
清水寺·祇園·知恩院·平安神宮	44·46·48·50	❶	15+4~	高野橋東詰継**206**(東行)で東山二条·岡崎公園口⑬、東山三条❷·知恩院前❺·祇園❶·清水道❶	28~+15~25
平安神宮·永観堂·南禅寺·哲学の道·銀閣寺	50·52·54	❶	15+5	花園橋(P78)継**5**(南行)で銀閣寺道❷、東天王町❸、南禅寺·永観堂道❶、岡崎公園 美術館·平安神宮前❶	19+15~25
南禅寺	52	❶	15+4+4	地国際会館駅から地下鉄烏丸線地烏丸御池駅継地下鉄東西線〔上り〕で地蹴上駅	23~+13+7
バス停高野橋東詰		❶	15·30	京都バス17·特17で高野橋東詰(川端通南西)(巻頭路線図参照)	28·38
詩仙堂 曼殊院	56	❶	10+5~	花園橋継**5·31**(南行)で一乗寺清水町❶(31は❶のみ)·一乗寺下り松町❸	19+5·6
バス停花園橋	78	❶	15·15	京都バス17·特17·19で花園橋(P78、白川通南東)·(19·特17は花園橋(同北東)(巻頭路線図も参照)	19
バス停国際会館駅前	78	❶	15·30	京都バス19·特17で国際会館駅前(巻頭路線図も参照)	22

乗換(のりかえ)に便利な交差点

千本北大路(せんぼんきたおおじ) P60

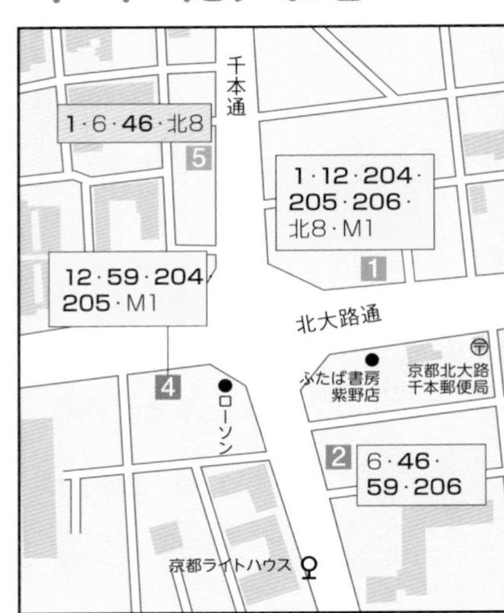

※薄字の系統は休止中

北野白梅町(きたのはくばいちょう) P62

聖ヨゼフ整肢園
聖マリア学園
15·臨15·50·51·52·55·快202·204·205·快205·臨
8
51·102·203
102
9
京信
3
4
10·50·52·55
嵐電北野線
北野白梅町駅
イズミヤ
今出川通
5
10
西大路通
京都
6
15·快202·203·204·205·快205
26·JRB
7
地蔵院(椿寺)
中信

千本今出川(せんぼんいまでがわ) P62

百万遍（ひゃくまんべん）

P6 京都全体図（索引図）参照

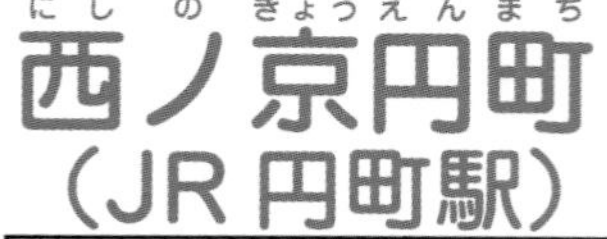

西ノ京円町（にしのきょうえんまち）（JR円町駅）

P6 京都全体図（索引図）参照

千本丸太町（せんぼんまるたまち）

P38

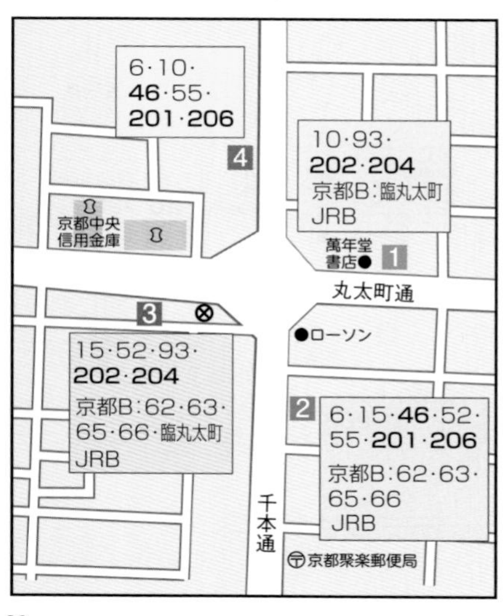

河原町丸太町（かわらまちまるたまち）

P32

西大路三条（にしおおじさんじょう）

P6 京都全体図（索引図）参照

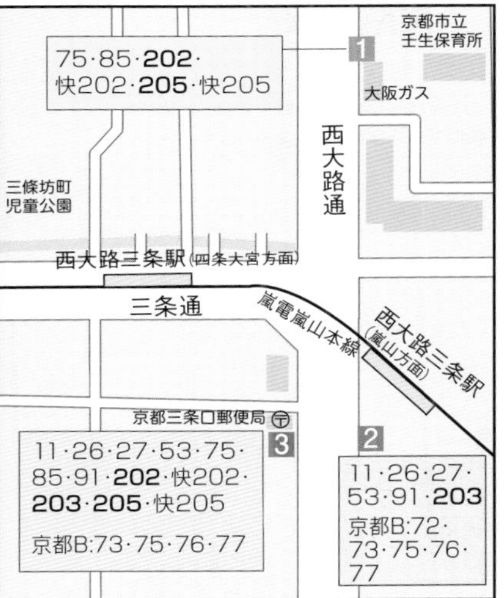

西大路四条（にしおおじしじょう）（阪急・嵐電西院駅）

P6 京都全体図（索引図）参照

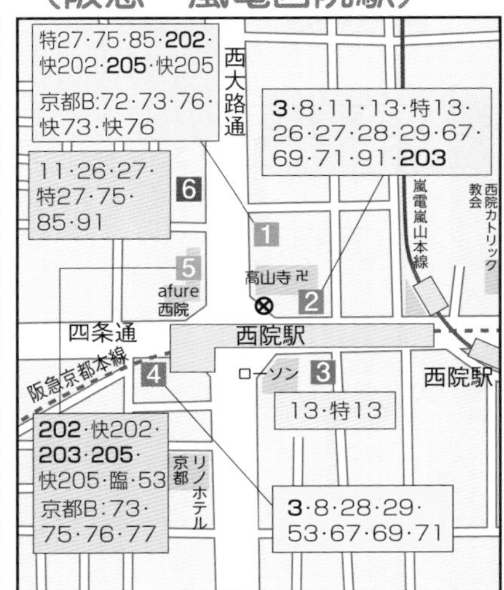

七条大宮・京都水族館前（しちじょうおおみや・きょうとすいぞくかんまえ）

P22

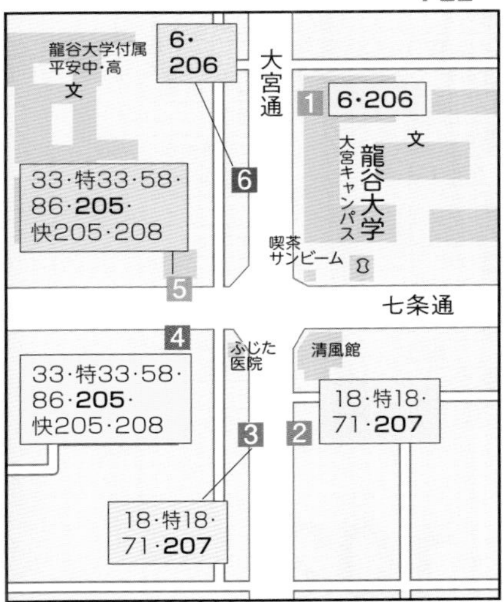

地下鉄九条駅前（大石橋）（ちかてつくじょうえきまえ（おおいしばし））

P6 京都全体図（索引図）参照

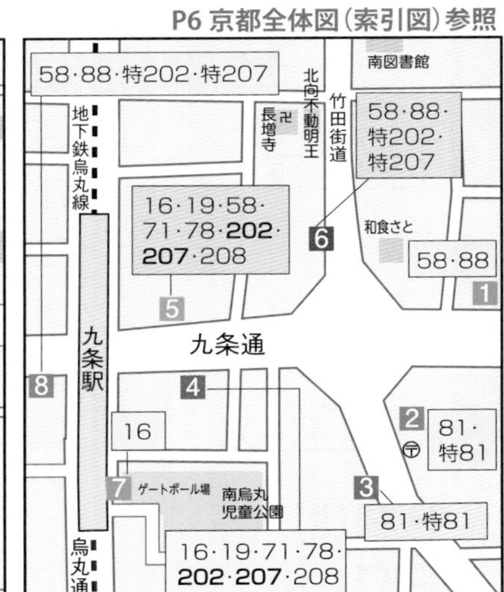

市バス　EX100〔観光特急〕

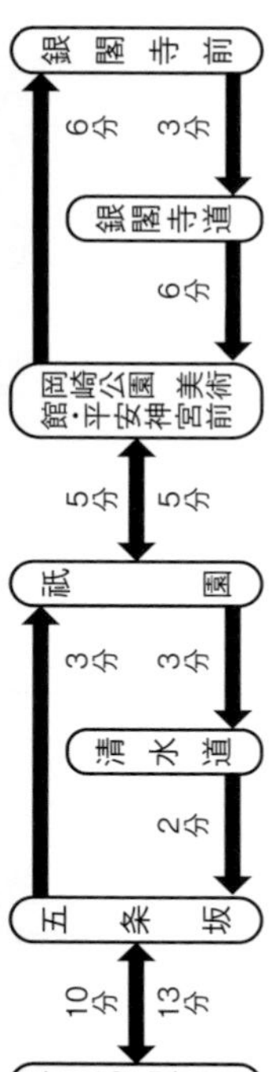

EX101〔観光特急〕

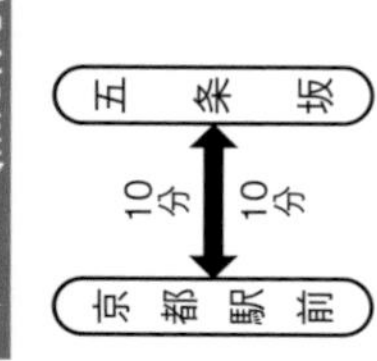

EX100
EX101

※ 100番台のQRコードは、編集時未公開のため、
系統番号検索ページをリンクしております。

市バス　102〔均一〕

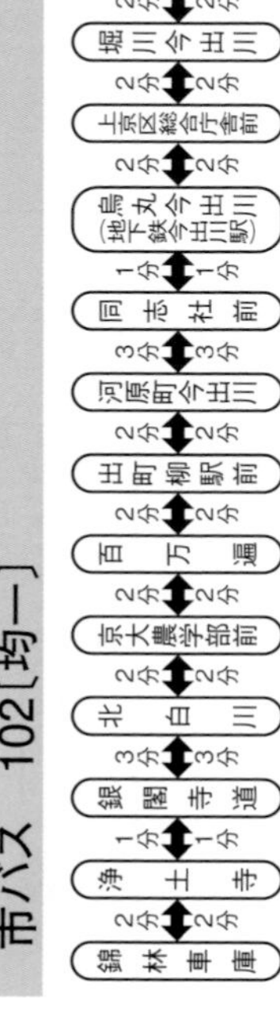

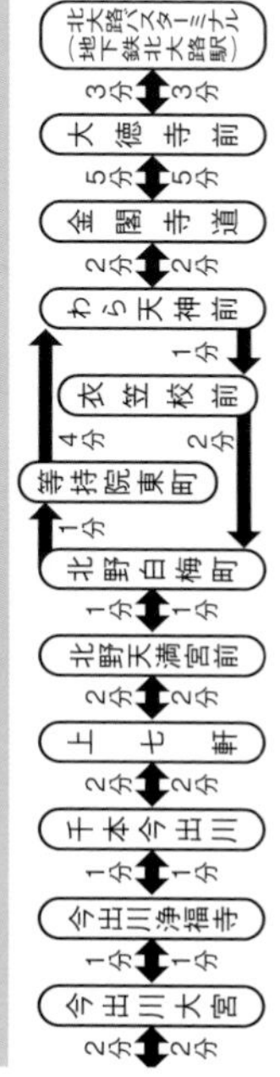

102

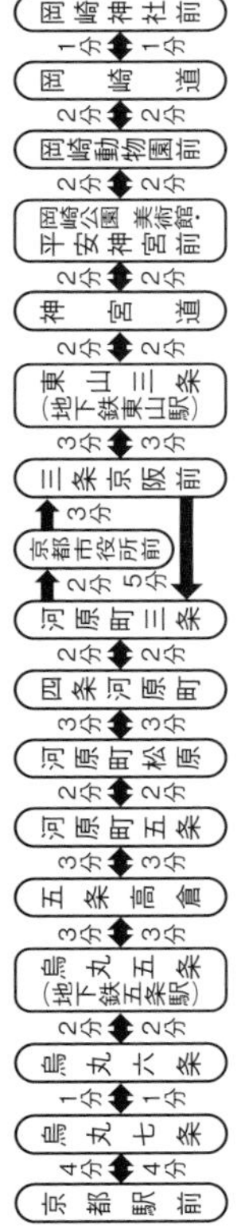
市バス　105〔均一〕
京都駅前
4分 4分
烏丸七条
1分 1分
烏丸六条
2分 2分
烏丸五条（地下鉄五条駅）
3分 3分
五条高倉
3分 3分
河原町五条
2分 2分
河原町松原
3分 3分
四条河原町
2分 2分
河原町三条
2分 5分
京都市役所前
3分
三条京阪前
3分 3分
東山三条（地下鉄東山駅）
2分 2分
神宮道
2分 2分
岡崎公園 美術館・平安神宮前
2分 2分
岡崎動物園前
2分 2分
岡崎道
1分 1分
岡崎神社前
1分 1分

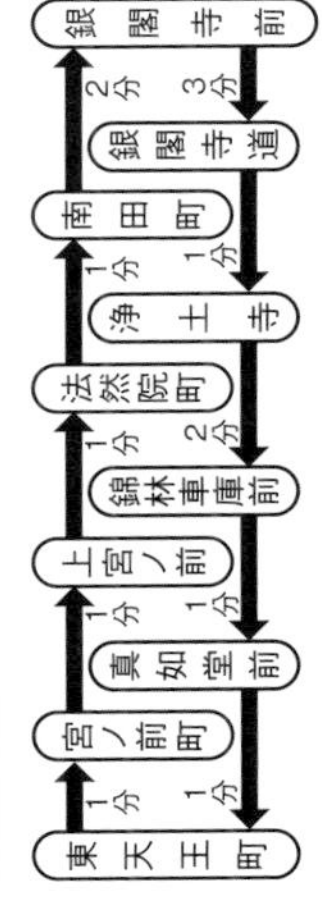
東天王町
1分 1分
宮ノ前町
真如堂前
1分 1分
上宮ノ前
錦林車庫前
1分 2分
法然院町
浄土寺
1分 1分
南田町
銀閣寺道
2分 3分
銀閣寺前

105

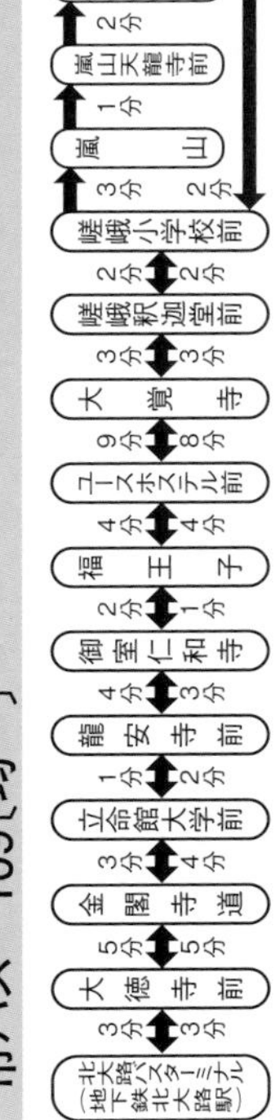
市バス　109〔均一〕
北大路バスターミナル（地下鉄北大路駅）
3分 3分
大徳寺前
5分 5分
金閣寺道
3分 4分
立命館大学前
1分 2分
龍安寺前
4分 3分
御室仁和寺
2分 1分
福王子
4分 4分
ユースホステル前
9分 8分
大覚寺
3分 3分
嵯峨釈迦堂前
2分 2分
嵯峨小学校前
3分 2分
嵐山
1分
嵐山天龍寺前
2分
野々宮

109

市バス　201〔循環・均一〕

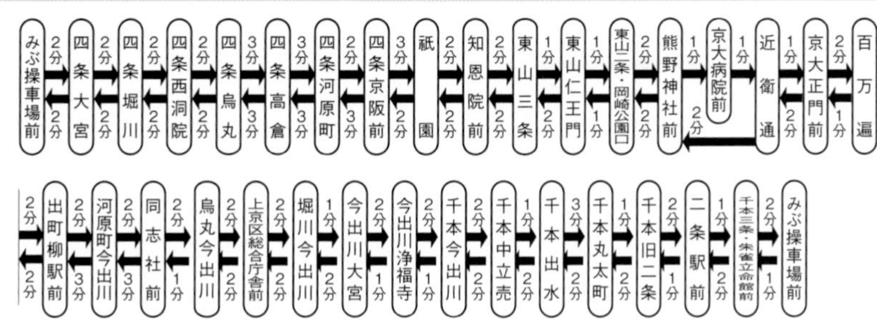

201

市バス　202〔循環・均一〕

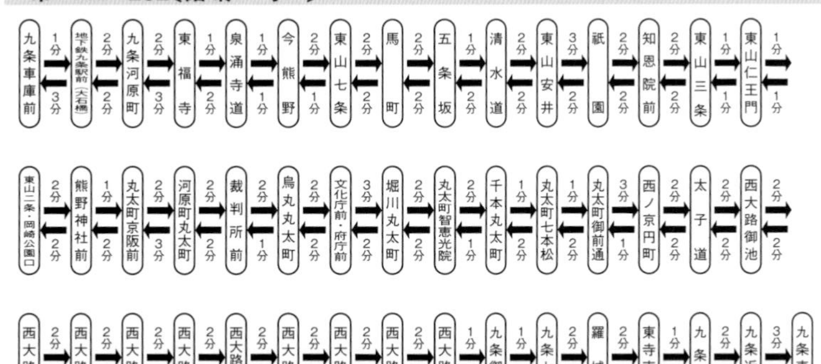

202

市バス　203〔循環・均一〕

錦林車庫前
↑1分 ↓1分
真如堂前
↑1分 ↓1分
東天王町
↑1分 ↓1分
岡崎神社前
↑1分 ↓1分
岡崎道
↑2分 ↓2分
熊野神社前
↑2分 ↓2分
東山二条・岡崎公園口
↑1分 ↓1分
東山仁王門
↑1分 ↓1分
東山三条
↑2分 ↓2分
知恩院前
↑2分 ↓2分
祇園
↑2分 ↓3分
四条京阪前
↑3分 ↓2分
四条河原町
↑3分 ↓3分
四条高倉
↑3分 ↓3分
四条烏丸
↑2分 ↓2分
四条西洞院
↑2分 ↓2分
四条堀川
↑2分 ↓2分
四条大宮
↑1分 ↓2分
壬生寺道
↑1分 ↓2分
四条中新道
↑2分 ↓2分
四条御前通
↑3分 ↓1分
西大路四条
↑2分 ↓2分
西大路三条
↑2分 ↓2分

西大路御池
↑2分 ↓2分
太子道
↑2分 ↓2分
西ノ京円町
↑1分 ↓2分
北野中学前
↑1分 ↓1分
大将軍
↑2分 ↓1分
北野白梅町
↑1分 ↓3分
北野天満宮前
↑2分 ↓1分
上七軒
↑2分 ↓1分
千本今出川
↑1分 ↓2分
今出川浄福寺
↑1分 ↓2分
今出川大宮
↑2分 ↓1分
堀川今出川
↑2分 ↓2分
上京区総合庁舎前
↑2分 ↓2分
烏丸今出川
↑1分 ↓2分
同志社前
↑2分 ↓2分
河原町今出川
↑2分 ↓2分
出町柳駅前
↑2分 ↓2分
百万遍
↑1分 ↓2分
京大農学部前
↑2分 ↓2分
北白川
↑3分 ↓1分
銀閣寺道
↑1分 ↓2分
浄土寺
↑2分 ↓1分
錦林車庫前

203

市バス　204〔循環・均一〕

北大路バスターミナル
↑2分 ↓3分
北大路新町
↑2分 ↓1分
北大路堀川
↑1分 ↓2分
大徳寺前
↑1分 ↓1分
建勲神社前
↑1分 ↓1分
船岡山
↑2分 ↓1分
千本北大路
↑2分 ↓3分
金閣寺道
↑2分 ↓2分
わら天神前
↑1分 ↓2分
衣笠校前
↑2分 ↓1分
北野白梅町
↑1分 ↓2分
大将軍
↑1分 ↓1分
北野中学前
↑2分 ↓1分
西ノ京円町
↑1分 ↓3分
丸太町御前通
↑2分 ↓1分
丸太町七本松
↑2分 ↓1分
千本丸太町
↑1分 ↓2分
丸太町智恵光院
↑2分 ↓2分
堀川丸太町
↑2分 ↓3分
文化庁前・府庁前
↑2分 ↓2分
烏丸丸太町
↑1分 ↓2分
裁判所前
↑2分 ↓2分
河原町丸太町
↑3分 ↓2分

丸太町京阪前
↑2分 ↓1分
熊野神社前
↑2分 ↓2分
岡崎道
↑1分 ↓1分
岡崎神社前
↑1分 ↓1分
東天王町
↑1分 ↓1分
真如堂前
↑1分 ↓1分
錦林車庫前
↑1分 ↓2分
浄土寺
↑2分 ↓1分
銀閣寺道
↑1分 ↓2分
北白川校前
↑1分 ↓1分
北白川別当町
↑1分 ↓2分
上終町 瓜生山学園 京都芸術大学前
↑1分 ↓1分
伊織町
↑1分 ↓1分
高原町
↑3分 ↓1分
田中大久保町
↑2分 ↓1分
高野
↑2分 ↓2分
高野橋東詰
↑2分 ↓2分
高木町
↑1分 ↓2分
下鴨東本町
↑1分 ↓1分
洛北高校前
↑1分 ↓2分
府立大学前
↑1分 ↓1分
植物園前
↑2分 ↓1分
烏丸北大路
↑3分 ↓2分
北大路バスターミナル

204

205

市バス 205〔循環・均一〕

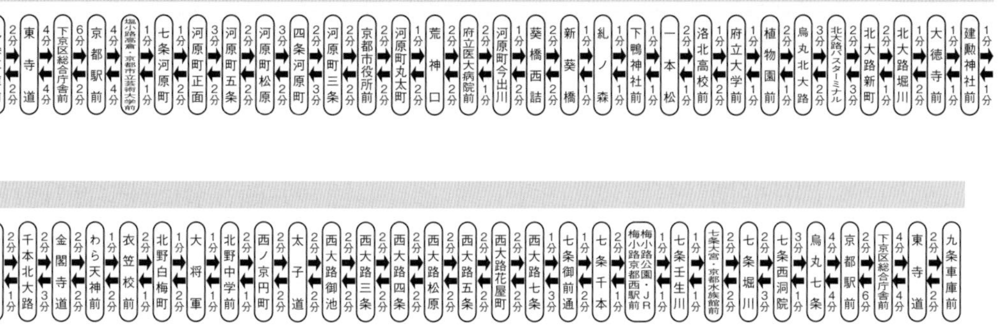

206

市バス 206〔循環・均一〕

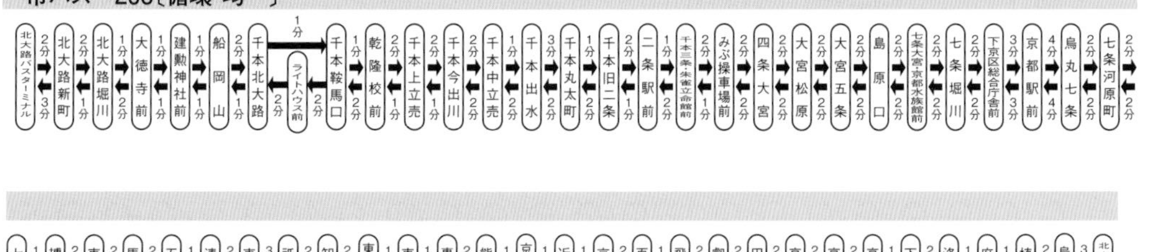

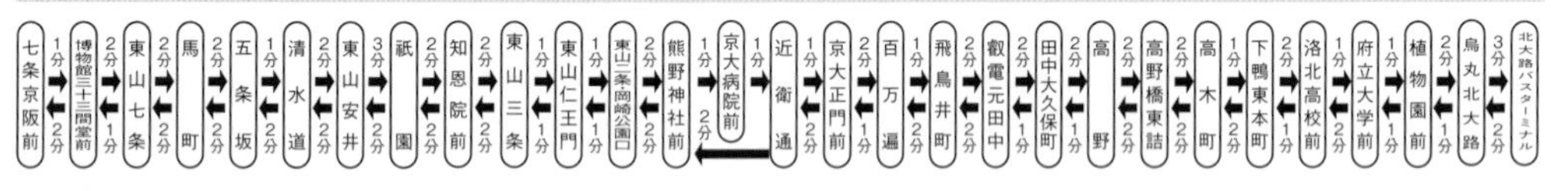

市バス　207〔循環・均一〕

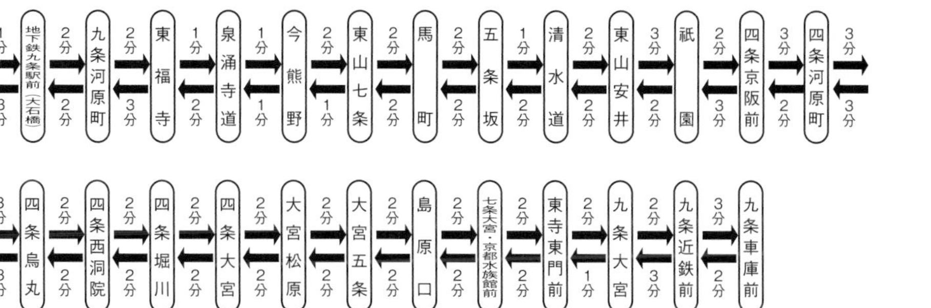

207

市バス　208〔循環・均一〕

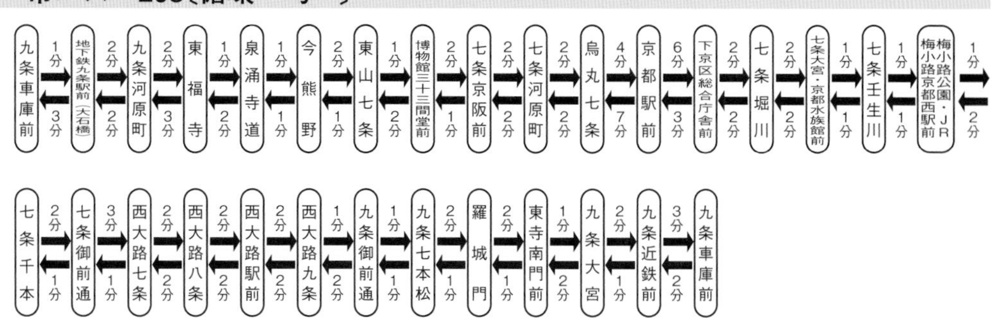

208

市バス　1〔均一〕

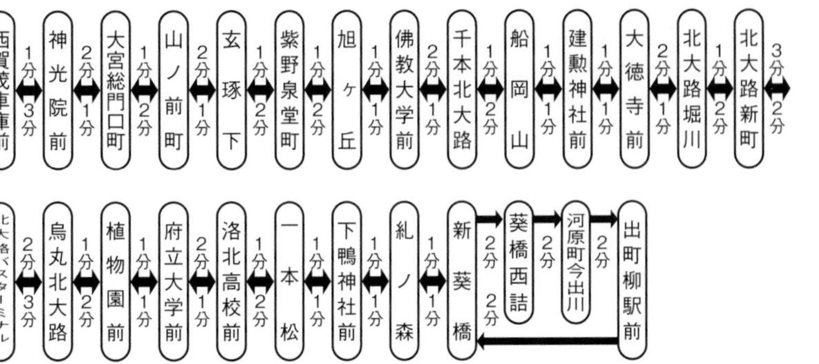

1

市バス　3〔均一〕

松尾橋 —1分/2分— 梅宮大社前 —1分/1分— 梅津西浦町 —1分/1分— 長福寺道 —2分/1分— 梅津段町 —1分/2分— 日新電機前 —1分/1分— 南広町 —2分/2分— 京都外大前 —1分/2分— 四条葛野大路 —1分/1分— 四条中学前 —2分/1分— 西院巽町 —2分/1分— 西大路四条 —1分/3分— 四条御前通 —2分/2分— 四条中新道 —2分/1分— 壬生寺道 —2分/1分— 四条大宮 —2分/2分— 四条堀川 —2分/2分— 四条西洞院 —2分/2分— 四条烏丸 —3分/3分— 四条高倉 —3分/3分— 四条河原町 —2分/3分— 河原町三条 —2分/2分—

京都市役所前 —2分/2分— 河原町丸太町 —1分/2分— 荒神口 —2分/2分— 府立医大病院前 —2分/1分— 河原町今出川 —2分/2分— 出町柳駅前 —2分/2分— 百万遍 —1分/2分— 飛鳥井町 —2分— 田中樋ノ口町 —1分/1分— 北白川小倉町 —2分/1分— 北白川別当町 —1分/1分— 上池田町 —1分/1分— 北白川仕伏町

一部のみ運行：飛鳥井町 →2分→ 叡電元田中 →2分→ 田中大久保町 →1分→ 高原町 →1分→ 伊織町 →1分→ 上終町・瓜生山学園 京都芸術大学前 →2分→ 北白川別当町 →1分→ 北白川小倉町 →1分→ 田中樋ノ口町 →2分→ 飛鳥井町

3

4・特4

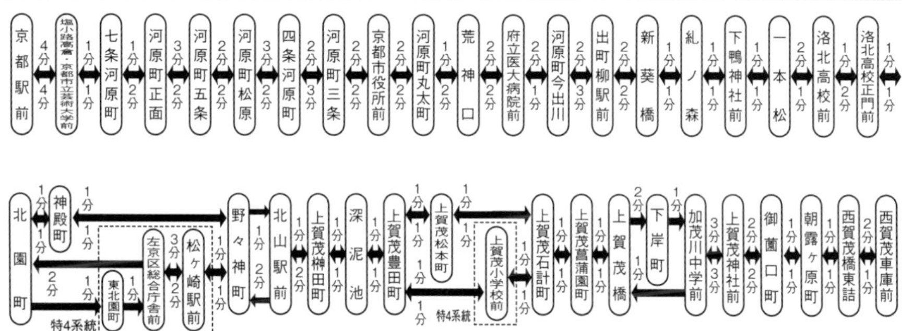
市バス　4・特4〔均一〕
京都駅前
塩小路高倉・京都市立芸術大学前
七条河原町
河原町正面
河原町五条
河原町松原
四条河原町
河原町三条
京都市役所前
河原町丸太町
荒神口
府立医大病院前
河原町今出川
出町柳駅前
新葵橋
糺ノ森
下鴨神社前
一本松
洛北高校前
洛北高校正門前
北園町
神殿町
東北園町
左京区総合庁舎前
松ヶ崎駅前
野々神町
北山駅前
上賀茂榊田町
深泥池
上賀茂豊田町
上賀茂松本町
上賀茂小学校前
上賀茂石計町
上賀茂菖蒲園町
上賀茂橋
下岸町
加茂川中学前
上賀茂神社前
御薗口町
朝露ヶ原町
西賀茂橋東詰
西賀茂車庫前
特4系統

5

市バス　5〔均一〕

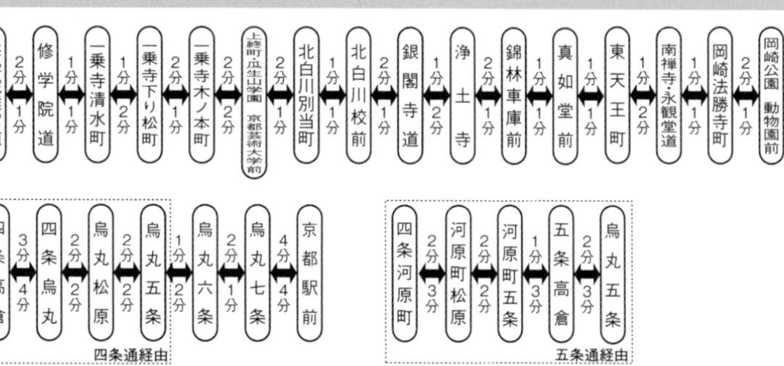
岩倉操車場前
国際会館駅前
岩倉大鷺町
上高野
花園橋
宝ヶ池
修学院離宮道
修学院道
一乗寺清水町
一乗寺下り松町
一乗寺木ノ本町
上終町・瓜生山学園 京都芸術大学前
北白川別当町
北白川校前
銀閣寺道
浄土寺
錦林車庫前
真如堂前
東天王町
南禅寺・永観堂道
岡崎法勝寺町
岡崎公園 動物園前
岡崎公園 美術館・平安神宮前
四条河原町
河原町松原
河原町五条
五条高倉
烏丸五条
五条通経由

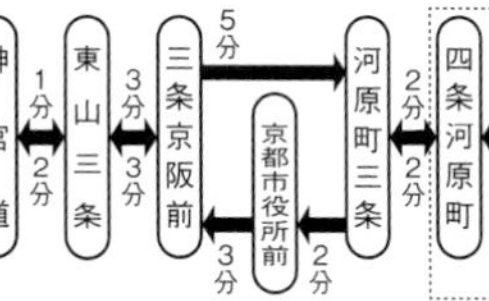
神宮道
東山三条
三条京阪前
京都市役所前
河原町三条
四条河原町
四条高倉
四条烏丸
烏丸松原
烏丸五条
四条通経由
烏丸六条
烏丸七条
京都駅前

市バス　6〔均一〕

京都駅前 ⇔（3分／3分）⇔ 下京区総合庁舎前 ⇔（2分／2分）⇔ 七条堀川 ⇔（2分／2分）⇔ 七条大宮・京都水族館前 ⇔（2分／2分）⇔ 島原口 ⇔（2分／2分）⇔ 大宮五条 ⇔（2分／2分）⇔ 大宮松原 ⇔（2分／2分）⇔ 四条大宮 ⇔（2分／2分）⇔ みぶ操車場前 ⇔（1分／2分）⇔ 千本三条・朱雀立命館前 ⇔（2分／1分）⇔ 二条駅前 ⇔（1分／2分）⇔ 千本旧二条 ⇔（2分／1分）⇔ 千本丸太町 ⇔（2分／3分）⇔ 千本出水 ⇔（2分／1分）⇔ 千本中立売 ⇔（2分／2分）⇔ 千本今出川 ⇔（1分／2分）⇔ 千本上立売 ⇔（1分／2分）⇔ 乾隆校前 ⇔（2分／1分）⇔ 千本鞍馬口

千本鞍馬口 →（2分）→ ライトハウス前 →（2分）→ 千本北大路

千本北大路 →（1分）→ 千本鞍馬口

千本北大路 ⇔（1分／2分）⇔ 佛教大学前

佛教大学前 →（1分）→ 北木ノ畑町 →（1分）→ 鷹峯上ノ町 →（1分）→ 土天井町 →（1分）→ 鷹峯源光庵前 →（1分）→ 釈迦谷口 →（2分）→ 玄琢 →（2分）→ 玄琢下 →（1分）→ 紫野泉堂町 →（1分）→ 旭ヶ丘 →（1分）→ 佛教大学前

6

市バス　7〔均一〕

錦林車庫前 ⇔（1分／2分）⇔ 浄土寺 ⇔（2分／1分）⇔ 銀閣寺道 ⇔（1分／3分）⇔ 北白川 ⇔（2分／2分）⇔ 京大農学部前 ⇔（2分／1分）⇔ 百万遍 ⇔（2分／2分）⇔ 出町柳駅前 ⇔（2分／2分）⇔ 河原町今出川 ⇔（1分／2分）⇔ 府立医大病院前 ⇔（2分／2分）⇔ 荒神口 ⇔（2分／1分）⇔ 河原町丸太町 ⇔（2分／2分）⇔ 京都市役所前 ⇔（2分／2分）⇔ 河原町三条 ⇔（3分／2分）⇔ 四条河原町 ⇔（2分／2分）⇔ 河原町松原 ⇔（2分／2分）⇔ 河原町五条 ⇔（2分／3分）⇔ 河原町正面 ⇔（2分／1分）⇔ 七条河原町 ⇔（1分／1分）⇔ 塩小路高倉・京都市立芸術大学前 ⇔（4分／4分）⇔ 京都駅前

7

市バス　8〔均一〕

四条烏丸 ⇔（2分／2分）⇔ 四条西洞院 ⇔（2分／2分）⇔ 四条堀川 ⇔（2分／2分）⇔ 四条大宮 ⇔（1分／2分）⇔ 壬生寺道 ⇔（1分／2分）⇔ 四条中新道 ⇔（2分／2分）⇔ 四条御前通 ⇔（3分／1分）⇔ 西大路四条 ⇔（1分／2分）⇔ 西院巽町 ⇔（1分／2分）⇔ 四条中学前 ⇔（1分／1分）⇔ 四条葛野大路 ⇔（2分／1分）⇔ 京都外大前 ⇔（4分／4分）⇔ 猿田彦橋 ⇔（2分／2分）⇔ 太秦天神川駅前 ⇔（2分／2分）⇔ 安井西口 ⇔（1分／1分）⇔ 黒橋 ⇔（2分／1分）⇔ 双ヶ丘 ⇔（1分／2分）⇔ 常盤御池町 ⇔（2分／2分）⇔ 宇多野御屋敷町 ⇔（2分／1分）⇔

嵐電宇多野駅前 ⇔（2分／1分）⇔ 福王子 ⇔（1分／2分）⇔ 三宝寺 ⇔（1分／1分）⇔ 鳴滝松本町 ⇔（1分／1分）⇔ 高鼻町 ⇔（2分／2分）⇔ 高雄病院前 ⇔（1分／2分）⇔ 平岡八幡前 ⇔（1分／1分）⇔ 梅ヶ畑清水町 ⇔（1分／1分）⇔ 広芝町 ⇔（2分／1分）⇔ 高雄小学校前 ⇔（1分／2分）⇔ 御経坂 ⇔（2分／2分）⇔ 御所ノ口 ⇔（2分／1分）⇔ 高雄 ⇔（1分／1分）⇔ 槇ノ尾 ⇔（1分／1分）⇔ 栂ノ尾

8

9

市バス　9〔均一〕

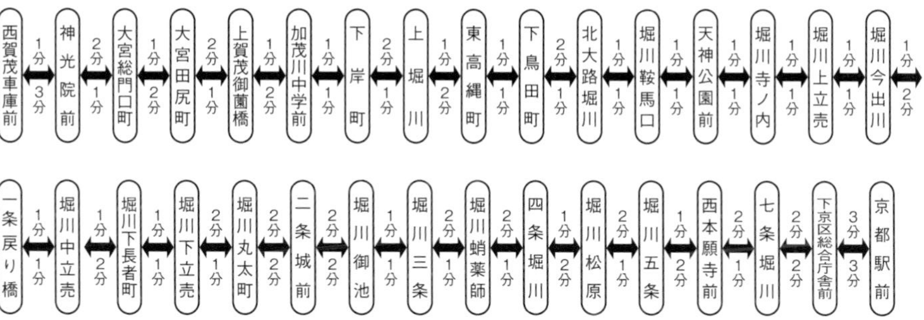

10

市バス　10〔均一〕

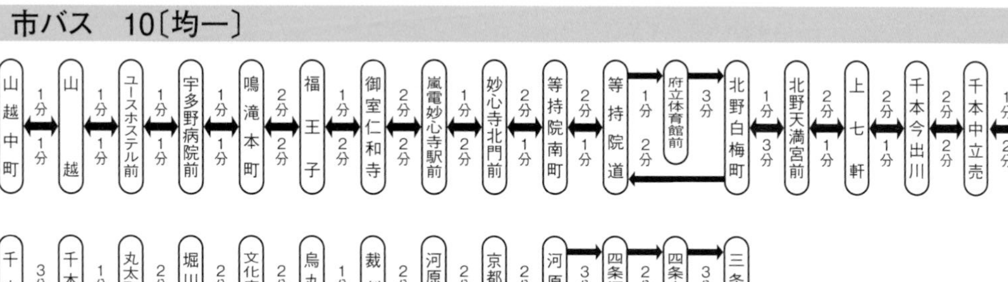

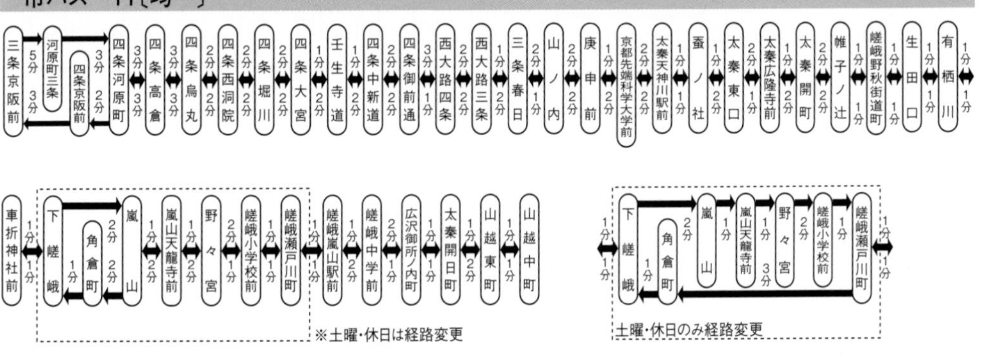

市バス 11〔均一〕
三条京阪前
河原町三条
四条京阪前
四条河原町
四条高倉
四条烏丸
四条西洞院
四条堀川
四条大宮
壬生寺道
四条中新道
四条御前通
西大路四条
西大路三条
三条春日
山ノ内
庚申前
京都先端科学大学前
太秦天神川駅前
蚕ノ社
太秦東口
太秦広隆寺前
太秦開町
帷子ノ辻
嵯峨野秋街道町
生田口
有栖川
車折神社前
下嵯峨
角倉町
嵐山
嵐山天龍寺前
野々宮
嵯峨小学校前
嵯峨瀬戸川町
嵯峨嵐山駅前
嵯峨中学前
広沢御所ノ内町
太秦開日町
山越東町
山越中町
※土曜・休日は経路変更
下嵯峨
角倉町
嵐山
嵐山天龍寺前
野々宮
嵯峨小学校前
嵯峨瀬戸川町
土曜・休日のみ経路変更

11

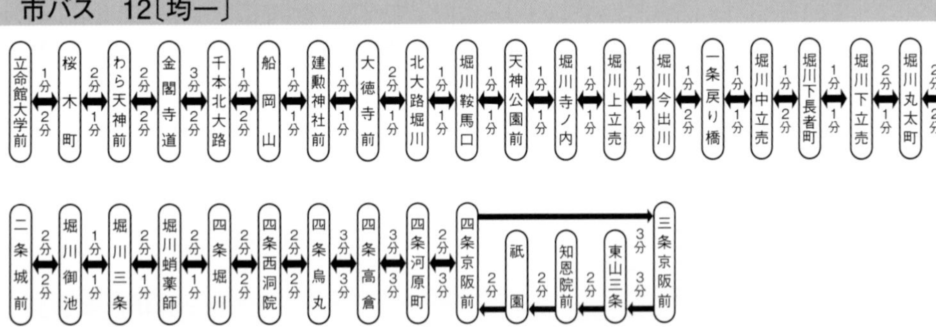

市バス 12〔均一〕
立命館大学前
桜木町
わら天神前
金閣寺道
千本北大路
船岡山
建勲神社前
大徳寺前
北大路堀川
堀川鞍馬口
天神公園前
堀川寺ノ内
堀川上立売
堀川今出川
一条戻り橋
堀川中立売
堀川下長者町
堀川下立売
堀川丸太町
二条城前
堀川御池
堀川三条
堀川蛸薬師
四条堀川
四条西洞院
四条烏丸
四条高倉
四条河原町
四条京阪前
祇園
知恩院前
東山三条
三条京阪前

12

15

市バス　15〔均一〕

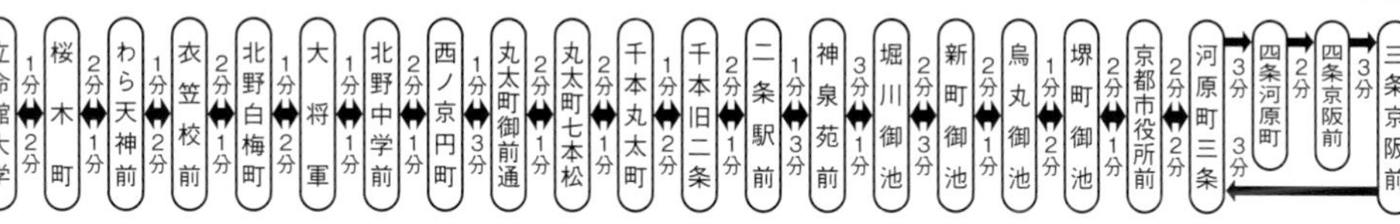

16

市バス　16〔均一〕

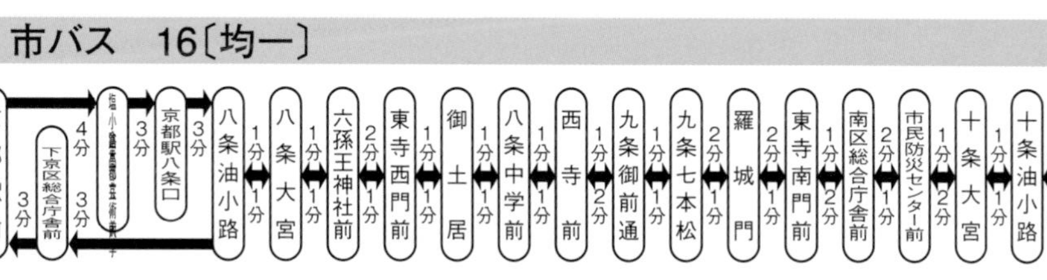

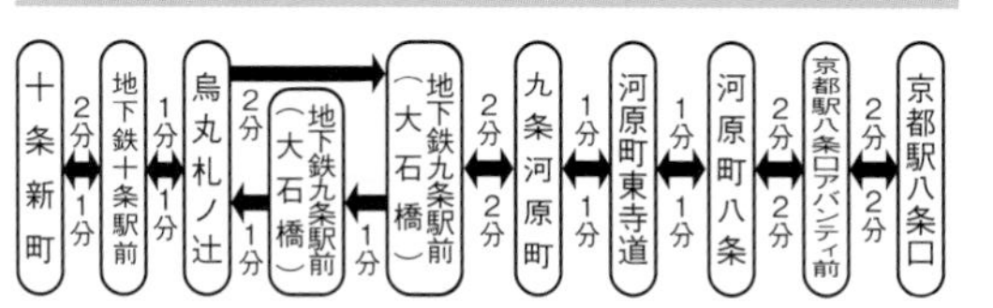

26

市バス　26〔均一〕

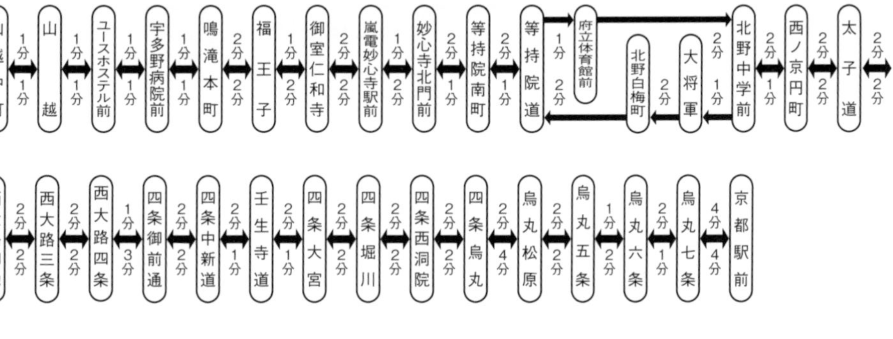

28

市バス　28〔均一〕

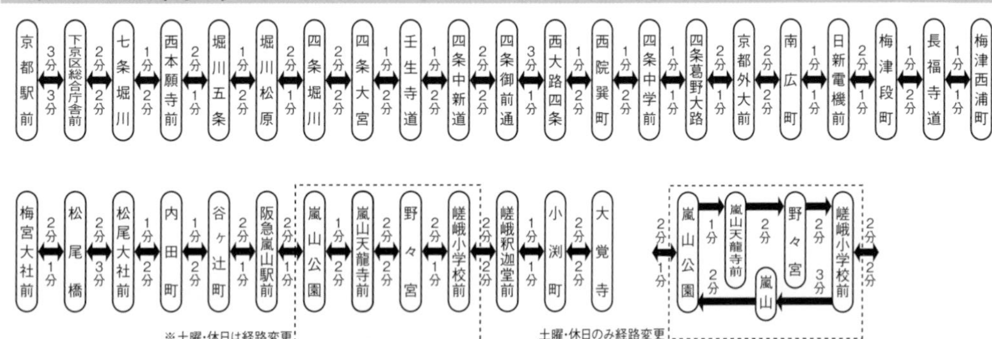

29

市バス　29〔多区間〕

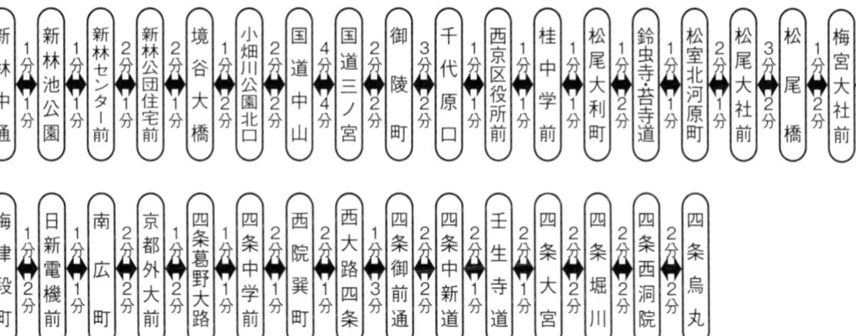

32

市バス　32〔均一〕

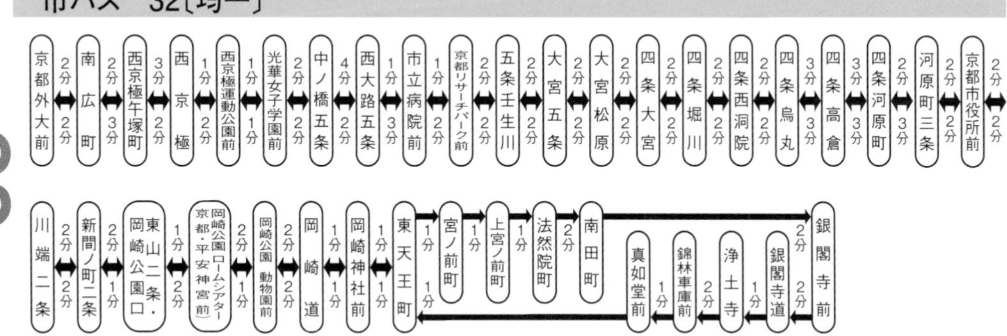

37

市バス　37〔均一〕

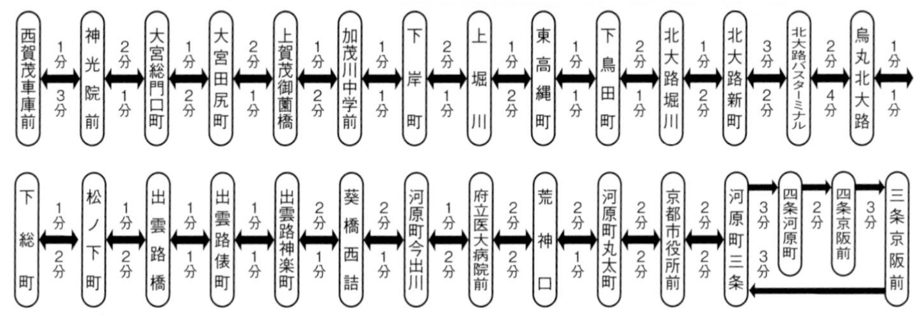

42

市バス　42〔多区間〕

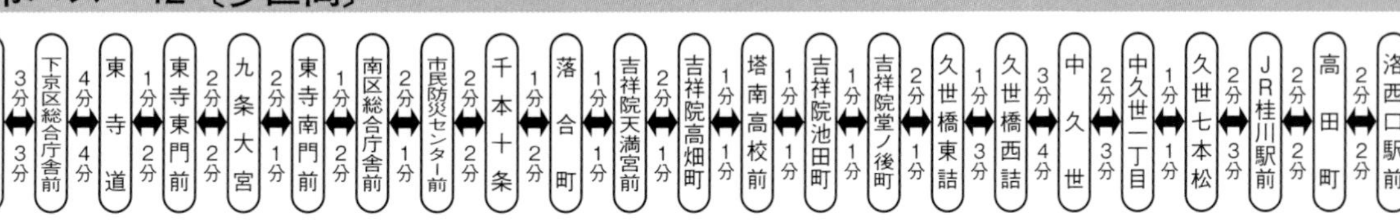

市バス　46〔均一〕

46

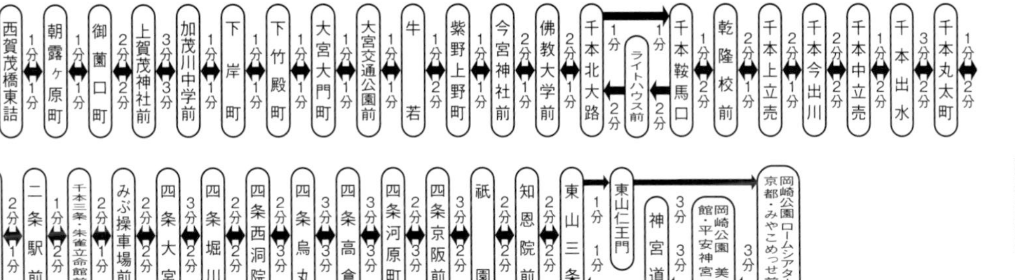

市バス　50〔均一〕

50

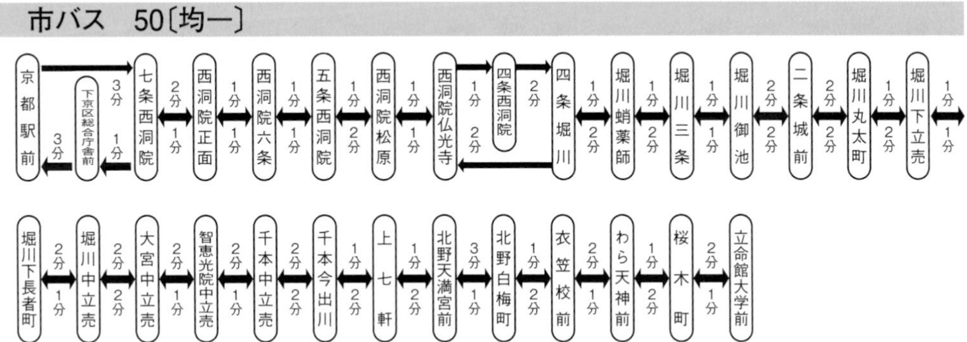

51

市バス　51〔均一〕

立命館大学前 ⇔ 1分／3分 ⇔ 小松原児童公園前 ⇔ 2分／2分 ⇔ 衣笠校前 ⇔ 2分／1分 ⇔ 北野白梅町 ⇔ 1分／3分 ⇔ 北野天満宮前 ⇔ 2分／1分 ⇔ 上七軒 ⇔ 2分／1分 ⇔ 千本今出川 ⇔ 1分／2分 ⇔ 今出川浄福寺 ⇔ 1分／2分 ⇔ 今出川大宮 ⇔ 2分／1分 ⇔ 堀川今出川 ⇔ 2分／2分 ⇔ 上京区総合庁舎前 ⇔ 2分／2分 ⇔ 烏丸今出川 ⇔ 1分／2分 ⇔ 烏丸一条 ⇔ 1分／1分 ⇔ 烏丸下長者町 ⇔ 1分／1分 ⇔ 烏丸下立売 ⇔ 2分／1分 ⇔ 烏丸丸太町 ⇔ 1分／2分 ⇔ 烏丸二条 ⇔ 2分／1分 ⇔ 烏丸御池 ⇔ 1分／2分 ⇔ 堺町御池 ⇔ 2分／1分 ⇔ 京都市役所前 ⇔ 2分／2分 ⇔ 河原町三条

河原町三条 → 3分 → 四条河原町 → 2分 → 四条京阪前 → 3分 → 三条京阪前 → 3分 → 河原町三条

55

市バス　55〔均一〕

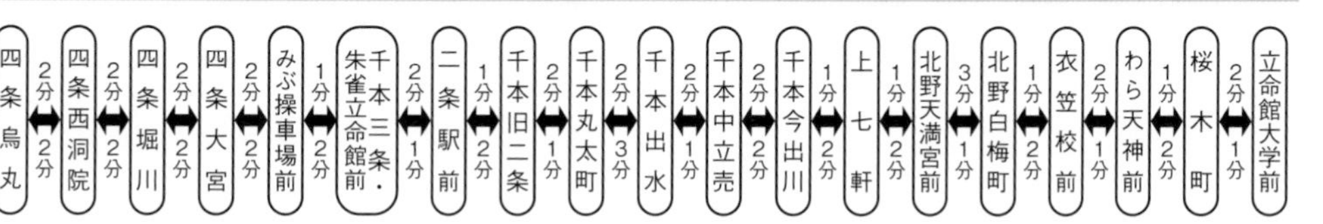

58

市バス　58〔均一〕　※土・休日の運行

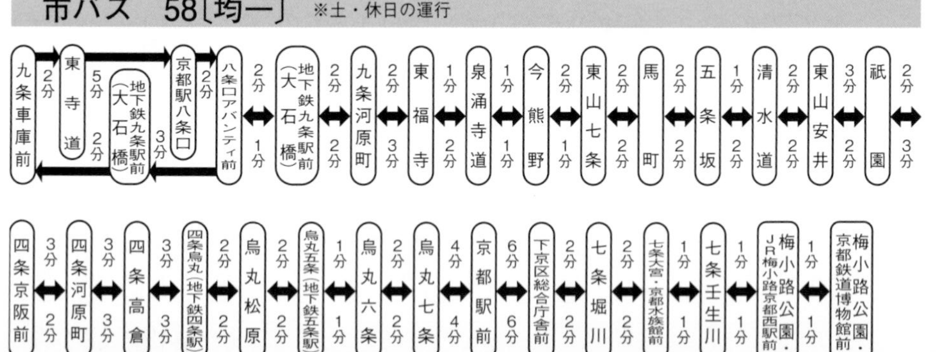

59

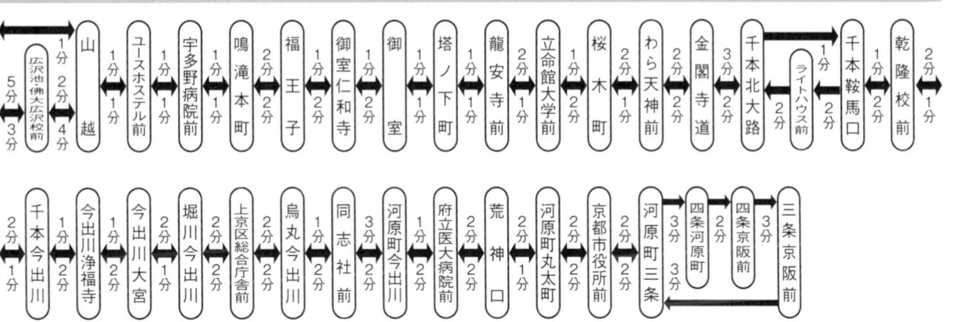
市バス　59〔均一〕
山越中町
広沢池・佛大広沢校前
山越
ユースホステル前
宇多野病院前
鳴滝本町
福王子
御室仁和寺
御室
塔ノ下町
龍安寺前
立命館大学前
桜木町
わら天神前
金閣寺道
千本北大路
ライトハウス前
千本鞍馬口
乾隆校前
千本上立売
千本今出川
今出川浄福寺
今出川大宮
堀川今出川
上京区総合庁舎前
烏丸今出川
同志社前
河原町今出川
府立医大病院前
荒神口
河原町丸太町
京都市役所前
河原町三条
四条河原町
四条京阪前
三条京阪前

65

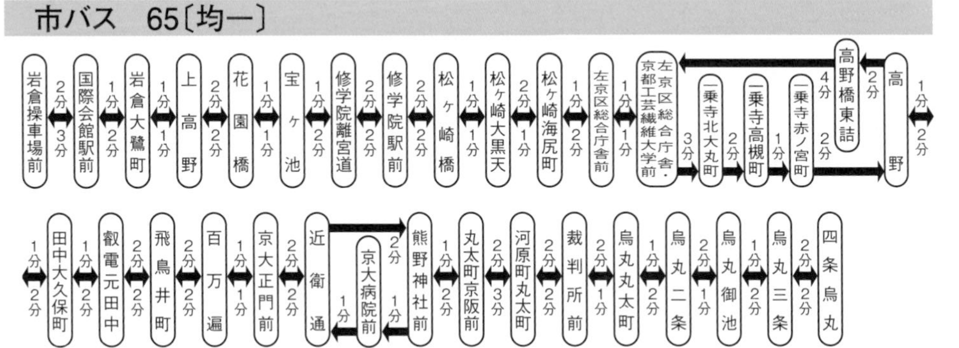
市バス　65〔均一〕
岩倉操車場前
国際会館駅前
岩倉大鷺町
上高野
花園橋
宝ヶ池
修学院離宮道
修学院駅前
松ヶ崎橋
松ヶ崎大黒天
松ヶ崎海尻町
左京区総合庁舎前
左京区総合庁舎・京都工芸繊維大学前
一乗寺北大丸町
一乗寺高槻町
一乗寺赤ノ宮町
高野橋東詰
高野
田中大久保町
叡電元田中
飛鳥井町
百万遍
京大正門前
近衛通
京大病院前
熊野神社前
丸太町京阪前
河原町丸太町
裁判所前
烏丸丸太町
烏丸二条
烏丸御池
烏丸三条
四条烏丸

80

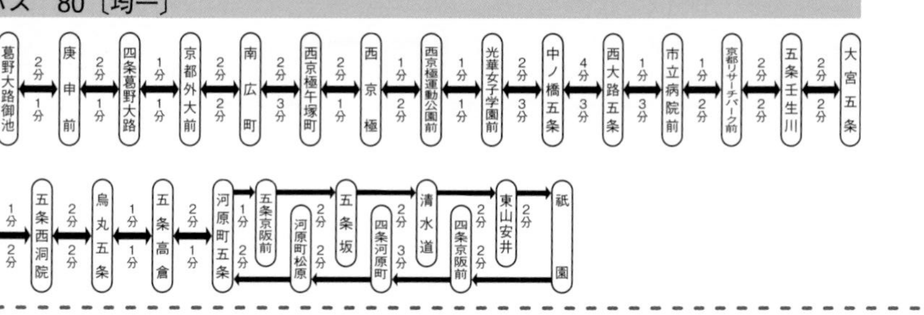

市バス 80〔均一〕
太秦天神川駅前
葛野大路御池
庚申前
四条葛野大路
京都外大前
南広町
西京極午塚町
西京極
西京極運動公園前
光華女子学園前
中ノ橋五条
西大路五条
市立病院前
京都リサーチパーク前
五条壬生川
大宮五条
堀川五条
五条西洞院
烏丸五条
五条高倉
河原町五条
五条京阪前
河原町松原
五条坂
四条河原町
清水道
四条京阪前
東山安井
祇園

86

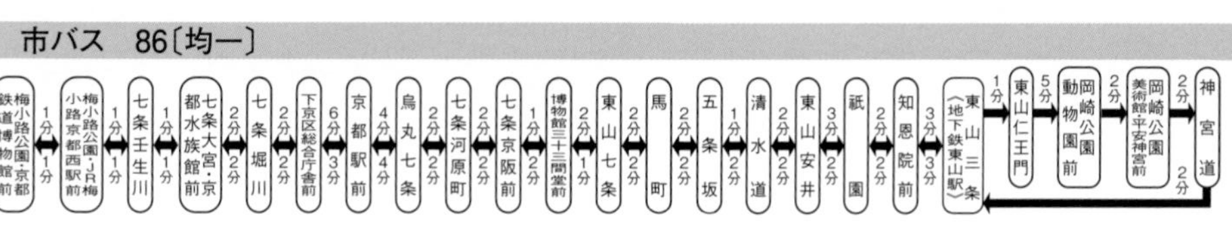

市バス 86〔均一〕
梅小路公園・京都鉄道博物館前
梅小路公園・JR梅小路京都西駅前
七条壬生川
七条大宮・京都水族館前
七条堀川
下京区総合庁舎前
京都駅前
烏丸七条
七条河原町
七条京阪前
博物館三十三間堂前
東山七条
馬町
五条坂
清水道
東山安井
祇園
知恩院前
東山三条〈地下鉄東山駅〉
東山仁王門
岡崎公園動物園前
岡崎公園美術館・平安神宮前
神宮道

91

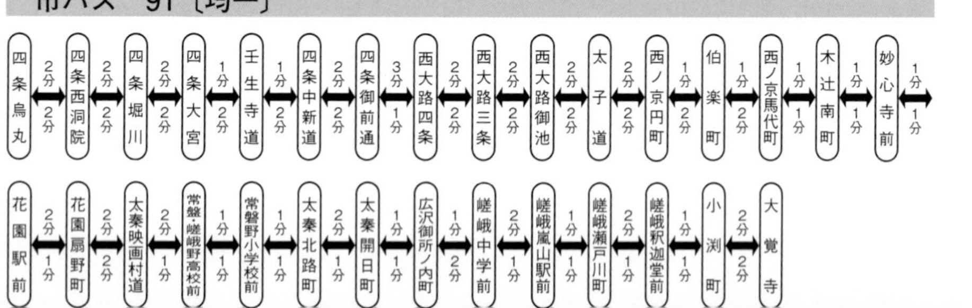

市バス 91〔均一〕
四条烏丸
四条西洞院
四条堀川
四条大宮
壬生寺道
四条中新道
四条御前通
西大路四条
西大路三条
西大路御池
太子道
西ノ京円町
伯楽町
西ノ京馬代町
木辻南町
妙心寺前
花園駅前
花園扇野町
太秦映画村道
常盤・嵯峨野高校前
常盤野小学校前
太秦北路町
太秦開日町
広沢御所ノ内町
嵯峨中学前
嵯峨嵐山駅前
嵯峨瀬戸川町
嵯峨釈迦堂前
小渕町
大覚寺

93

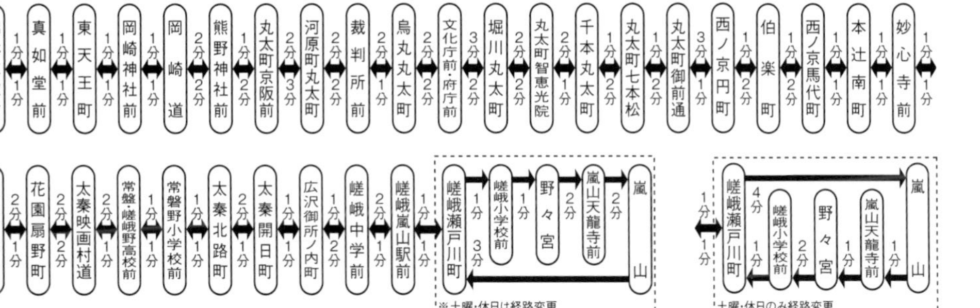
市バス93〔均一〕
錦林車庫前
真如堂前
東天王町
岡崎神社前
岡崎道
熊野神社前
丸太町京阪前
河原町丸太町
裁判所前
烏丸丸太町
文化庁前・府庁前
堀川丸太町
丸太町智恵光院
千本丸太町
丸太町七本松
丸太町御前通
西ノ京円町
伯楽町
西ノ京馬代町
本辻南町
妙心寺前
花園駅前
花園扇野町
太秦映画村道
常盤・嵯峨野高校前
常盤野小学校前
太秦北路町
太秦開日町
広沢御所ノ内町
嵯峨中学前
嵯峨嵐山駅前
嵯峨瀬戸川町
嵯峨小学校前
野々宮
嵐山天龍寺前
嵐山
※土曜・休日は経路変更
土曜・休日のみ経路変更

北1

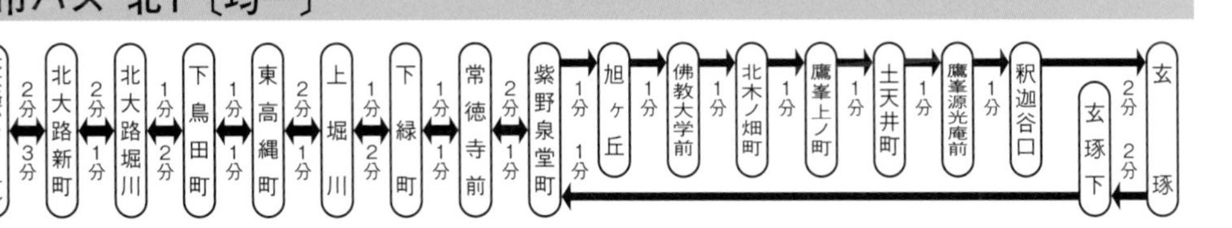
市バス 北1 〔均一〕
北大路バスターミナル
北大路新町
北大路堀川
下鳥田町
東高縄町
上堀川
下緑町
常徳寺前
紫野泉堂町
旭ヶ丘
佛教大学前
北木ノ畑町
鷹峯上ノ町
土天井町
鷹峯源光庵前
釈迦谷口
玄琢
玄琢下

北3

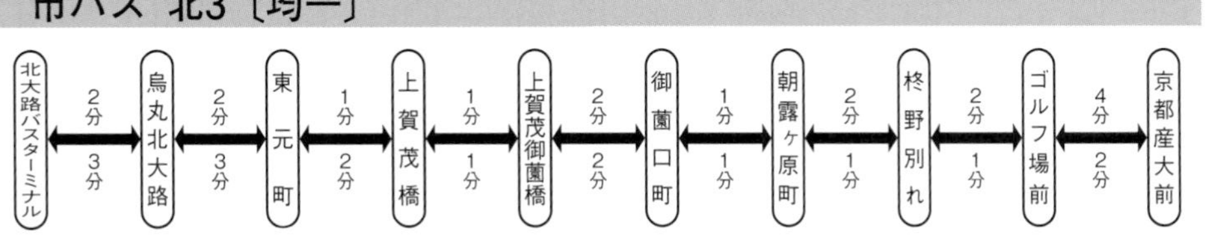
市バス 北3 〔均一〕
北大路バスターミナル
烏丸北大路
東元町
上賀茂橋
上賀茂御薗橋
御薗口町
朝露ヶ原町
柊野別れ
ゴルフ場前
京都産大前

北8

市バス北8〔循環・均一〕

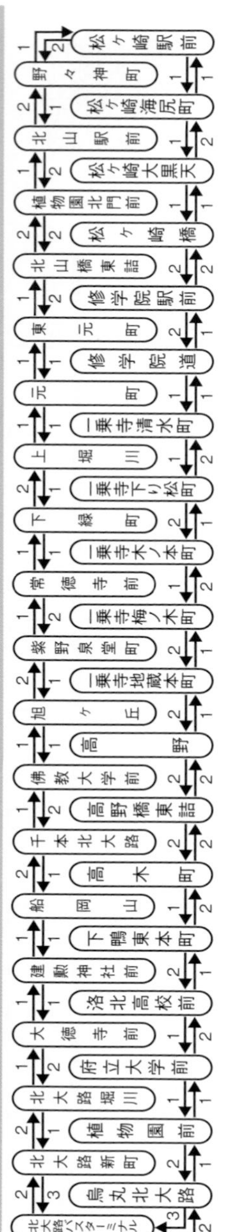

南5

市バス南5〔均一〕

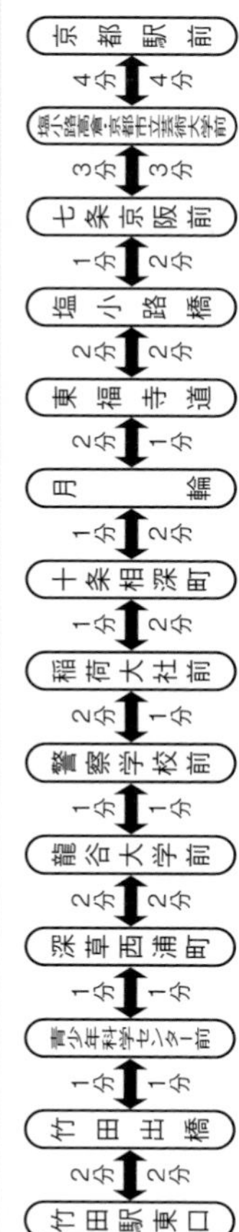

南8

市バス南8〔多区間〕

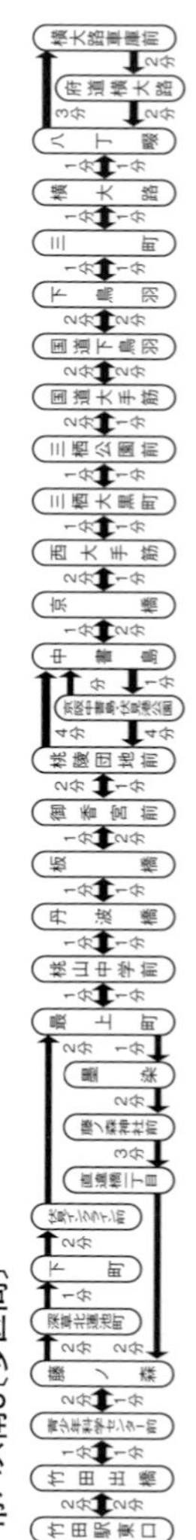

物件索引

問い合わせ先

◇京都市交通局

市バス・地下鉄に関する問い合わせ先

交通局　太秦天神川 ―― 075-863-5200
京都駅前　JR 京都駅前バス総合案内所内 ―― 075-371-4474
コトチカ京都　地下鉄京都駅中央 1 改札口横 ―― 075-371-9866
烏丸御池駅 ―― 075-213-1650
北大路　北大路バスターミナル内（地下 3F） ―― 075-493-0410

忘れ物問い合わせ先（前日までの分）

北大路案内所（地下鉄北大路駅構内） ―― 075-493-0410
※当日の忘れ物は各営業所まで。

◇京都バス　本社 ―― 075-871-7521
◇西日本 JR バス 京都営業所 ―― 075-672-2851
◇京阪バス　山科営業所 ―― 075-581-7189
◇京都総合観光案内所（京なび）京都駅ビル 2 階、南北自由通路沿い ―― 075-343-0548

本書は本年 4 月 30 日現在判明分の交通情報に基き編集した最新版です。その後の判明及び改正についてはご容赦ください。なお、各データは以後、予告なく各交通機関の事情により変更されることがあります。主な改正内容は次のとおりです。

交通改正

〈京都市交通局〉市バスの 2024 年 6 月 1 日、10 年ぶりの大幅な路線改編、バス停名変更（2 ケ所）にあわせた編集内容です。土休日運行には 12 月 29 日から 1 月 3 日、8 月 14 から 16 日が含まれます。

〈京都バス〉2024 年 3 月 20 日、系統・ダイヤ等の改正が行われ、本誌はそれに対応しています。
バス停名の変更は 1 ケ所ありました。

〈西日本ジェイアールバス　高雄・京北線〉2023 年 4 月 1 日改正で、本誌は対応しています。

●今後の動向は各交通機関の公式 HP 等でご確認ください。

本書掲載の地図は、国土地理院発行の地形図をもとに作成いたしました。

尚、本書ご利用の際は、データ更新の最新版をご利用いただきますようお願いいたします。

本書に掲載している拝観情報は本年 4 月現在判明分です。内容は各施設の都合等により、予告なく変更されることがあります。本誌ご利用にあたっての拝観・見学等は、各施設までご確認をおすすめいたします。

一日乗り放題！各施設で優待や割引も！
京（きょう）を「地下鉄・バス一日券」で巡る本　2024 ～ 2025
定価 660 円（本体 600 円＋税 10%）

第 1 版第 1 刷
発行日　2024 年 6 月 1 日
編集　橋本 豪・ユニプラン編集部
制作　ユニプラン制作部
表紙　岩崎宏
発行人　橋本良郎

発行所／株式会社ユニプラン
〒 601-8213
京都市南区久世中久世町 1 丁目 76
TEL.075-934-0003
FAX.075-934-9990
振替口座／ 01030-3-23387
印刷所／株式会社プリントパック

ISBN978-4-89704-602-0